Georges Perec

Die dunkle Kammer

124 Träume

Aus dem Französischen übersetzt
und mit einem Nachwort von
Jürgen Ritte

diaphanes

Die dunkle Kammer

diaphanes
broschur

für Nour

da ich denke
dass das Wirkliche
in nichts wirklich ist
wie sollte ich da glauben
dass die Träume Träume sind
Jacques Roubaud und der Mönch Saigyo

Jeder Mensch träumt. Manche erinnern sich an die Träume, sehr viel weniger erzählen von ihnen, und noch weniger schreiben sie auf. Warum sollte man sie auch aufschreiben, wo man doch weiß, dass man sie nur verraten würde (und sich gleichzeitig wohl auch selbst verrät?).

Ich glaubte die Träume, die ich machte, zu notieren: Sehr schnell wurde mir klar, dass ich längst schon nur noch träumte, um von meinen Träumen zu schreiben.

Was konnte ich mit diesen zu sehr geträumten, zu oft wieder gelesenen, zu sehr geschriebenen Träumen jetzt noch anderes anfangen als Texte aus ihnen zu machen, ein Textgebinde, eine Opfergabe, niedergelegt an der Pforte zu jenem »Königsweg«, den ich noch zu durchlaufen habe, und dies offenen Auges?

Soweit mir an einer gewissen Homogenität bei der Transkription und dann der Redaktion dieser Träume gelegen war, scheint es mir angebracht, folgende Hinweise zu Typographie und Satzspiegel zu geben:

– ein neuer Absatz entspricht einem Wechsel von Zeit, Ort, Gefühl, Stimmung usw., wie er im Traum empfunden worden ist;

– der Gebrauch der Kursiven, zu dem es nur ausnahmsweise kommt, deutet auf ein besonders markantes Element des Traumes hin;

– die mehr oder weniger großen weißen Flächen zwischen den Absätzen sollen den mehr oder weniger langen Passagen entsprechen, die beim Erwachen verloren gegangen sind oder unentzifferbar waren;

– das Zeichen // signalisiert eine freiwillige Auslassung.

N° 1

Mai 1968

Die Messung

Die Messung (der Name entfällt mir: Metronom, Rute) bei der man ad.lib. mehrere Stunden bleiben muss. Wie selbstverständlich. Der Schrank (die beiden Verstecke). Die Theateraufführung. Die Demütigung. ? . Die Willkür.

Es ist eine Szene mit mehreren Personen. In einer Ecke ist eine Messlatte angebracht. Mir droht, wie ich weiß, dass ich mehrere Stunden darunter zu verbringen habe; es ist eher eine Schikane als eine wirkliche Folter, aber dennoch äußerst unangenehm, denn nichts hält das Messholz in der Höhe fest, und so droht man zwangsläufig zusammengepresst zu werden.

Selbstverständlich träume ich, und ich träume selbstverständlich, dass ich in einem Lager bin. Es handelt sich selbstverständlich nicht wirklich um ein Lager, es ist ein Bild von einem Lager, ein Traum von einem Lager, ein metaphorisches Lager, ein Lager, von dem ich weiß, dass es nicht mehr als ein vertrautes Bild ist, als ob ich unablässig denselben Traum träumte, als ob ich niemals etwas anderes täte, als von diesem Lager zu träumen.

Es ist einsichtig, dass dieses bedrohliche Messholz zunächst reicht, um den ganzen Schrecken des Lagers auf sich zu konzentrieren. Ich entkomme übrigens dieser Drohung, sie verwirklicht sich nicht. Aber es ist eben genau diese umgangene Bedrohung, die den schlagendsten Beweis für das Lager darstellt: Was mich rettet, ist lediglich die Gleichgültigkeit des Folterers, seine Freiheit, etwas zu tun oder zu lassen; ich bin ganz seiner Willkür ausgeliefert (ganz genauso, wie ich diesem Traum ausgeliefert bin: Ich weiß, dass es nur ein Traum ist, aber ich kann diesem Traum nicht entrinnen).

Die zweite Sequenz nimmt diese Themen wieder auf, indem sie sie nur geringfügig modifiziert. Zwei Personen (von denen eine mit Gewissheit ich selbst bin) öffnen einen Schrank, in den zwei Verstecke eingebaut sind, in die man die Reichtümer der Deportierten gestopft hat. Unter »Reichtümer« hat man alle jene Gegenstände zu verstehen, die dazu geeignet sind, die Sicherheit und die Überlebensmöglichkeiten ihrer Besitzer zu verbessern, ob es sich dabei nun um unentbehrliche Gegenstände handelt oder um Gegenstände, die einen Tauschwert haben. Das erste Versteck enthält Wollsachen, alte, schäbige Wollsachen in tristen Farben. Das zweite Versteck, in dem sich das Geld befindet, besteht aus einer Klappvorrichtung: Eines der Fächer im Schrank ist innen ausgehöhlt, und seine Klappe öffnet sich auf ähnliche Weise wie bei einem Pult in der Schule. Dennoch gilt dieses Versteck als wenig sicher, und ich bin gerade dabei, den Mechanismus zu betätigen, der es freilegt, um das Geld herauszunehmen, als jemand eintritt. Es ist ein Offizier. Wir begreifen umgehend, dass ohnehin alles unnütz ist. Gleichzeitig wird klar, dass sterben und diesen Raum verlassen dasselbe bedeutet.

Die dritte Sequenz hätte diesem Lager, hätte ich sie nicht annähernd vollständig vergessen, gewiss einen Namen geben können: Treblinka oder Terezienbourg oder Katowicze. Das Theaterstück war vielleicht das »Requiem de Terezienbourg« (*Les Temps modernes*, 196, n°., S. …–…). Die Moral dieser verblassten Episode scheint sich auf ältere Träume zu beziehen: Man rettet sich (manchmal), indem man spielt… .

N° 2

November 1968

Die Tabletts

Mit einem Lächeln, das man nicht anders als »sardonisch« bezeichnen kann, hat sie es in meiner Gegenwart unternommen, einem Unbekannten Avancen zu machen. Ich habe nichts gesagt. Angesichts ihrer Beharrlichkeit habe ich den Raum verlassen.

Ich bin mit A. in meinem Zimmer – und mit einem Zufallsbekannten, dem ich das Go-Spiel beizubringen versuche. Er scheint das Spiel zu begreifen, bis zu dem Augenblick, da mir bewusst wird, dass er glaubt, gerade die Bridge-Regeln zu erlernen. Tatsächlich besteht das Spiel darin, Buchstabentabletts zu verteilen (eher eine Art Lotto als eine Art Scrabble).

N° 3
November 1968

Weg

: Labyrinth aus bekannten Geheimgängen, Tresortüren (rund, gepanzert), Korridore, sehr langes Umherirren auf dem Weg zur Begegnung

dann dieser Weg, den inzwischen jeder kennt.

N° 4

Dezember 1968

Die Illusion

Ich träume
Sie liegt neben mir
Ich sage mir, dass ich träume
Aber der Druck ihrer Hand auf die meine erscheint mir zu fest
Ich wache auf
Sie liegt wahrhaftig und tatsächlich neben mir
Wahnsinniges Glücksgefühl
Ich schalte das Licht an
Das Licht scheint eine Hundertstel Sekunde auf und erlischt
(eine geplatze Birne)
Ich umarme sie

(ich wache auf: ich bin allein)

N° 5

Dezember 1968

Die Zahnärztin

Tief im Inneren eines Labyrinths von überdachten Passagen, ähnlich wie in einem Bazar, lande ich bei einem Zahnarzt.

Die Zahnärztin ist nicht da, aber ich treffe ihren Sohn an, einen jungen Burschen, der mich bittet, später wiederzukommen, sich dann eines anderen besinnt und mir sagt, dass seine Mutter von einem Augenblick auf den anderen zurückkommen wird.

Ich gehe wieder fort. Ich rempele eine sehr kleine, hübsche Frau mit lächelndem Gesichtsausdruck an. Es ist die Zahnärztin. Sie zerrt mich ins Wartezimmer. Ich sage ihr, dass ich keine Zeit habe. Sie sperrt mir den Mund ganz weit auf und sagt mir, indem sie in Tränen ausbricht, dass alle meine Zähne verfault seien, aber dass es sich nicht lohne, mich zu behandeln.

Mein weit geöffneter Mund ist riesig groß. Ich habe das fast schon konkrete Gefühl einer totalen Fäulnis.

Mein Mund ist so groß, und die Zahnärztin so klein, dass mir so ist, als wolle sie ihren ganzen Kopf in meinen Mund schieben.

Später laufe ich durch die Einkaufspassagen. Ich kaufe einen Gasherd mit drei Flammen, der 26000 Francs kostet, und einen Kühlschrank mit 103 Liter Volumen.

N° 6

Januar 1969

Adieu

Eines Tages werde ich ihr sagen, dass ich sie verlasse. Sie wird geradezu umgehend ihre Tochter anrufen, um ihr zu sagen, dass sie nicht nach Dampierre kommen wird.

Während des Telefongesprächs wird ihr schönes Gesicht sich auflösen.

N° 7
Januar 1969

Auf meine alten Tage

Obwohl Du in der Gewissheit lebst, noch jung zu sein, dürfte dies schon etwas weniger der Fall sein, denn zwei Deiner liebsten Freunde sind bereits tot und ein dritter liegt im Sterben…

Es war in etwa so wie in bestimmten Briefen Flauberts: »Wir haben Jules beerdigt…« (oder war's Edmond?).

Wer waren die beiden Toten? Ist einer von beiden nicht Claude? Régis?

N° 8

September 1969

In der Metro

Nach möglicherweise unzähligen Abenteuern gelingt es mir, noch auf den abfahrbereiten Zug zu springen, während die mattschwarzen Portale sich bereits automatisch schließen.

Das Abteil ist lang und schmal. Es ist fast leer. Auf der anderen Seite des Wagons befindet sich lediglich eine unglaublich große Frau, die sich über mehrere Sitze gelegt hat, nicht quer zum Wagon, sondern der Länge nach, wobei ihre Füße sich in etwa auf meiner Höhe befinden und ihr Kopf fast schon am anderen Ende des Abteils.

Ich spüre (plötzlich) wie etwas (irgendjemand) mir sanft (mit der Hand) übers Haar streift.

Ich erschrecke.

Ich brülle.

Gewiss war das nicht die Frau, die noch aufge schreckter
weckter wirkt als ich.

N° 9

September 1969

Sinusitis

Ich habe einem Arzt lange von meinen Stirnhöhlenentzündungen erzählt.

N° 10
Oktober 1969

Die Schriftsteller

In einem Kaufhaus oder auf einer großen Kirmes, etwa in der Art der »Fête de l'Humanité«. Sehr viele Leute. Wir verabreden uns von einem Stand zum nächsten.

Ich gehe hin, »um sowjetischen Schriftstellern vorgestellt zu werden«. Man wünscht mir einen guten Tag, aber zu meiner großen Enttäuschung achtet niemand weiter auf mich; alle hören Armand Lanoux zu (es ist das erste Mal, dass ich ihn sehe, er ähnelt in keiner Weise dem Bild, das ich mir von ihm gemacht hatte), der auf Russisch (ich verstehe ihn ohne die geringste Schwierigkeit) über seine zehn Bücher spricht, die in der UdSSR übersetzt worden sind. Ich bin empört über die Zahl Zehn und verbessere das, für mich, in »zehn Mal dasselbe«.

Ich gehöre zu einer Gruppe Hippies. Auf einer Landstraße stoppen wir den Verkehr. Wir umzingeln eine Luxuskarosse und rücken ihr bedrohlich näher.

N° 11

Oktober 1969

Helmlés Tod

Aus Deutschland erhalte ich einen Brief, der mir mitteilt, dass Eugen Helmlé gestorben ist. Ich hatte ihm noch am Vortag geschrieben.

Nach und nach wird mir klar, dass ich träume und dass Eugen Helmlé nicht tot ist.

N° 12
Oktober 1969

Go

Ich spiele mit einem Schriftsteller namens Bourgoin, den ich im Übrigen unsympathisch finde, eine Partie Go (aber es ist eher ein Puzzle, dessen Steine sich am Ende zu einer Art Kugel zusammenfügen).

Ich beschließe, nach Dampierre zu fahren, noch während ich in der Rue de l'Assomption bin. Ich bewege mich auf ein Café am oberen Ende der Straße zu, dann biege ich ab Richtung La Muette. Ich bin wütend.

Vielleicht spielt es in Dampierre oder ist es noch die Rue de l'Assomption? Die Räumlichkeiten werden gerade restauriert, auch wenn dort ein Empfang stattfindet, was die – auf den ersten Blick überraschende – Anwesenheit von Arbeitern mitten im Salon erklärt. Ein Schriftsteller tritt ein, ich merke, dass ich sein Buch in der Hand halte und damit spiele (mir damit Luft zufächele?).

J. und M.L. scheinen sich wieder versöhnt zu haben. Sie spielen zusammen eine Partie Go. Etwas später überrasche ich sie dabei, wie sie sich in einem staubigen Zimmer küssen, das dem Büro ähnelt, das ich in der Rue du Bac hatte. Ein Arbeiter kommt und reißt den Türrahmen heraus, wobei er in sehr technischer Manier erklärt:

– Die Kanten sind abgeschrägt.

Über den Rahmen laufen die Stromleitungen, weswegen jetzt alles kurz in Dunkelheit getaucht ist. Ich sage mir, dass er ein hervorragender Elektriker ist, und dass es auf diese Weise einfacher sein wird, die Möbel hinauszutragen.

Drei Arbeiter (einer von ihnen ist der Gärtner aus Dampierre) bauen eine Salonterrasse.

Ich habe eine Szene mit

N° 13
Februar 1970

Das Hotel

Ich suche nach einer Wohnung, die ich auf einen Monat mieten will. Jemand, dessen Beruf es just ist, Wohnungen zu verkaufen oder zu vermieten, rät mir, lieber ins Hotel zu gehen und empfiehlt mir das La Boule Blanche mitten in Saint-Germain. Tatsächlich kannte ich das Hotel schon dem Namen nach, aber ich bin noch nie dort gewesen.

La Boule Blanche liegt an einem ganz ruhigen Platz, ähnlich wie der Square Louis-Jouvet in der Nähe der Oper (dort, wo sich die Cintra Bar befindet). Es erinnert mich an ein anderes, ganz in der Nähe gelegenes Hotel, in das eine meiner Freundinnen gegangen sein muss oder in das zu gehen sie P. (oder vielleicht mir) geraten haben muss.

Ein Kongress ganz im Fin-de-Siècle-Stil findet in diesem Hotel statt. Die Lesesäle sind überfüllt, auf den Tischen häufen sich die ausliegenden Zeitungen.

Ich drehe mich im Kreis herum, suche nach der Hotelrezeption und frage schließlich jemanden, wo sie sich befindet, und bekomme zur Antwort:

– Aber da ist sie doch.

Da ist sie, in der Tat. Sie ähnelt ein wenig meinem großen Schreibpult, aber sie ist geschwungen. Drei junge Frauen tun hier Dienst.

Man flüstert mir zu, dass viele Leute abreisen und dass ich ohne Probleme ein Zimmer bekommen werde. Außerdem geben gerade drei oder vier Herren ihre Schlüssel zurück.

Ich möchte nach einem Zimmer fragen, aber ich vertue mich und frage nach einer Suite. Man fragt mich, warum. Ich erkläre, dass ich gerade meine Wohnung wechsle und mich hier gerne für einen Monat einquartieren will.

Zwei der drei Angestellten diskutieren untereinander und beschließen, mir das Hochzeitszimmer zu zeigen.

Es liegt ganz oben. Wir steigen zu Fuß hoch. In dem kleinen Eingangsraum steht eine Lampe mit einer Skulptur als Ständer, welche eine nackte, kopflose Frau darstellt, die mit ihren Armen eine Boa umklammert oder erstickt, die sich um sie herum gewunden hat. Die Frau und die Schlange sind aus Holz, aber die Imitation ist so perfekt, dass man einen Augenblick lang glauben könnte, es mit lebendigen Wesen zu tun zu haben.

Ich besichtige die Suite. Sie besteht aus zwei Zimmern, die untereinander über eine kleine Treppe kommunizieren.

Ich versuche zu erklären, dass mir ein Zimmer, ein großes Zimmer reichen würde. Dann frage ich sie, in dem ich das Thema wechsle, wie viele Whisky-Marken sie in der Bar haben. Ich erhalte eine Reihe von Wörtern zur Antwort (etwas in der Art von »long john«, »glen…«, »mac…«), dann das Wort »Chivas«, das sie mehrfach wiederholen und dabei deformieren (Chavasse, Shiwa usw.).

Danach frage ich, was es an Wodka gibt. Man antwortet mir mit einem Wort, das auf »ja« endet; ich verstehe »Denitskaja« oder »Baltiskaja«. Ich freue mich, dass es ein echter Wodka ist…

N° 14
Februar 1970

Die Jagd auf Skiern

Es ist ein Film, bei dem ich a) den Dreharbeiten beiwohne, b) nach dem Schnitt der Vorführung beiwohne, c) einer der Darsteller wäre.

Irgendwo im Wald. Eine Jagdszene. Wir stehen mitten im Gehölz. Es liegt möglicherweise Schnee.

Die Jäger fluchen über die Wilderer, die ihnen stets kurz zuvorkommen und ihnen das Wild wegschnappen, das sie auftreiben.

Neues Bildfeld (seitliches Panorama). *Ich finde mich sehr weit außerhalb.*

Es kommen vier struppige, bärtige, in Pelze gehüllte Gestalten vorbei: die Wilderer.

Dann, auf Skiern, der »Chef de Chasse«, dann der Kameramann mit einer unglaublichen Ausrüstung auf dem Rücken, dann der Tontechniker, auch er sehr beladen, dann, usw., der Rest der Equipe.

Sie bringen, im Rückwärtsgang und auf Skiern, die Wilderer mit. Zoom auf ihre Skier: Sie sehen sehr komisch aus, man könnte meinen, sie haben Absätze.

Unter den Schmugglern eine alte Jüdin, sehr hässlich, äußerst unsympathisch (wie auf einer antisemitischen Karikatur).

Sie trägt einen sehr teuren Pelzmantel.

Ich spreche mit ihr auf dem Weg zurück ins Dorf: Im Prinzip könnte sie es sich leisten, an einer richtigen Jagd teilzunehmen (sie hätte sogar genug, um sich eine eigene zu leisten), aber sie jagt lieber das Wild der anderen.

Ich sage ihr, dass sie riskiert, belangt zu werden und ihren Namen zu entehren.

Was folgt, ist konfus: Es ist die Rede von Diffamierung, von Bußgeld.

Der Skandal sollte im Keim erstickt werden.

N° 15
Mai 1970

Die Rue de Quatrefages

Wir wohnen, P. und ich, in der Rue de Quatrefages, ganz hinten im Garten und nicht mehr im vierten Stock, sondern im Erdgeschoss. Wir leben getrennt, das heißt, wir haben unsere Wohnung aufgeteilt und separiert. Nach komplizierten Bauarbeiten kommt es sogar noch so weit, dass wir diese Wohnung mit unserer Nachbarin teilen.

Ich besichtige die Wohnung. Die ersten beiden Zimmer sind mir vertraut; es handelt sich in der Tat um unsere alte Wohnung in der Rue de Quatrefages. Danach gerät man in einen kuriosen Teil: Es handelt sich um eine sehr bizarr eingerichtete Küche. Dort befindet sich ein winziges Waschbecken (ein »Spülstein«) aus Email mit laufendem Wasserhahn über einem Kochtopf (eine Kasserole), der größer ist als das Becken (was nur die Vorstellung auslösen kann, dass es bald zum Überlaufen kommt...); über dem Becken findet sich eine riesige Abzugshaube aus Glas (eine »Kapelle«); sie ist aus Glas, aber man kann kaum hindurchsehen, es ist »satiniertes« (geriffeltes) Glas; ein weiteres bemerkenswertes Detail: Die Abzugshaube hat keine Verankerung in der Wand, auf der die Gas- und Wasserleitungen liegen; sie dürfte also von der Decke herunterhängen. Es gibt dort auch einen Gasherd, auf dem ein paar Gerichte köcheln.

Hinter der Küche befindet sich ein großes Badezimmer mit einer trapezförmigen Badewanne. Danach kommt ein Flur, und ganz am Ende eine Tür aus leicht wurmstichigem Holz. Ich stelle auf diese Weise zum ersten Mal in meinem Leben fest, dass meine Wohnung über zwei

Zugänge verfügt; ich hatte bereits eine vage Ahnung, aber jetzt habe ich (endlich?) den handfesten Beweis.

Ich öffne diese Tür. Und gleich entwischen unsere drei Hauskatzen. Es handelt sich um eine weiße und zwei graue, wobei die eine mit Gewissheit die meine ist. Das ist nicht weiter schlimm, sie werden gewiss zurückkommen; ganz offenbar lässt P. die Katzen immer durch diese Tür – und nicht durch die andere – aus dem Haus.

Ich schaue durchs Schlüsselloch (es ist ein rundes Loch von der Größe eines Auges). Ich sehe die breite, mit Bäumen bewachsene Allee und ein paar Geschäfte, darunter ein Restaurant.

P. hat sich in der Wohnung schlafen gelegt. Sie hat nur eine der Katzen wiedergefunden. Sie war in der Rue Mortimer.

Mir wird zunächst klar, dass das erste Zimmer der Wohnung P. und der Nachbarin gemeinsam gehört, sodann, dass es sich nicht um meine Wohnung handelt, dass ich hier niemals gewohnt habe.

Im ersten Zimmer sind P.s Bereich und der Bereich der Nachbarin durch einen Bücherstapel getrennt. Die Nachbarin – eine ziemlich alte und eher gewöhnliche Frau – weiß nicht mehr so recht, welche Bücher sie sich bei P. ausgeborgt hat, noch welche genau sie gelesen hat und sie ihr wieder zurückgeben will.

Sie reicht mir ein sehr schönes Buch, ein wenig in der Art der Jules Vernes aus der Edition Hetzel. Vor Freude zucke ich zusammen: Das Buch trägt den Titel

DIE BRONCHIEN

Es ist ein seltenes Buch, ein Klassiker der Physiologie der Atmungsorgane, über das, wie ich mich erinnere, G. einmal gesprochen hat. Ich schlage es auf. Es ist auf Deutsch geschrieben (mit gotischen Lettern).

Ich erkenne in dem Bücherstapel mehrere mir vertraute Bildbände wieder (die Stilübungen von Queneau-Massin-Carelman, mehrere Steinbergs usw.).

Der Ehemann der Nachbarin tritt ein. Ein schlaffer, alter Mann. Er trägt keinen Schnurrbart. Oder aber, im Gegenteil, er trägt einen. Er hat ein wenig Ähnlichkeit mit dem Schauspieler André Julien oder vielleicht mit André R., dem Vater eines meiner ehemaligen Klassenkameraden. In der Hand hält er eine Art Mäppchen in der Form eines dicken Kugelschreibers, das entweder mit mehreren Kugelschreibern oder nur mit einem einzigen, enormen Kugelschreiber mit, sagen wir, zwölf Farbminen prall gefüllt ist. Er schüttelt unzufrieden den Kopf.

Später: Ich liege auf einem Bett neben dem Bücherstapel. Vor mir, zu meiner Linken, liegt P. auf einem anderen Bett, das rechtwinklig zu meinem steht. In der Verlängerung von P.s Bett steht, mir gegenüber, ein langer Tisch, hinter dem (mir genau gegenüber) der Ehemann und (zu meiner Rechten) mit einer winzigen Batterie vor sich die Nachbarin sitzen.

Lange Zeit davor befanden wir uns, P. und ich, auf der Straße. Wir gingen an einem sehr schönen Park vorbei, genauso schön wie der Jardin des Missions étrangères in der Rue de Varenne.

N° 16
Juli 1970

Die Festnahme

Ich bin in Tunis. Eine Stadt, die sich ganz in die Höhe streckt. Ich mache einen langen Spaziergang: Straße in Serpentinen, Vorhang aus Bäumen, Hell-Dunkel-Schraffuren, Panoramen. Es ist, als ob die Landschaft sich in ihrer Ganzheit darböte wie der Hintergrund eines italienischen Gemäldes.

Am nächsten Tag kommt die Polizei und nimmt mich fest. Ich habe vor langer Zeit eine winzige Kleinigkeit verbrochen. Ich habe überhaupt keine Erinnerung mehr daran, aber ich weiß, dass mich das heute zwanzig Jahre kosten kann.

Ich entkomme, mit einem Revolver bewaffnet. Die Gegenden, die ich durchquere, kenne ich nicht. Es besteht keine unmittelbare Gefahr, aber ich weiß schon jetzt, dass die Flucht keine Lösung ist. Ich kehre an vertrautere Orte zurück, dorthin, wo ich am Vortag spazieren gegangen bin. Drei Seeleute fragen mich nach ihrem Weg. Hinter einer Baumreihe waschen verschleierte Frauen ihre Wäsche.

Ich gehe über eine Straße in Serpentinen wieder in die Stadt hinunter. Überall Bullen, Hundertschaften. Sie halten jeden an und durchsuchen die Autos.

Ich gehe zwischen den Bullen hindurch. Solange sich unsere Blicke nicht begegnen, habe ich eine Chance davonzukommen.

Ich betrete ein Café, in dem ich Marcel B. vorfinde. Ich setze mich neben ihn.

Drei Typen betreten das Café (das sind natürlich Bullen!); sie schlendern ganz nachlässig durch den Saal. Vielleicht haben sie mich ja nicht gesehen? Ich atme geradezu auf, aber einer von ihnen setzt sich zu mir an den Tisch.

– Ich habe keine Papiere bei mir, sage ich.

Er ist fast schon so weit, aufzustehen und fortzugehen (das hieße, dass ich gerettet bin), aber er sagt leise zu mir:

– Kopuliere!

Ich verstehe nicht.

Er schreibt das Wort in großen hohlen Lettern auf den Rand einer Zeitung:

KOPULIERE

Dann malt er die ersten drei Buchstaben schwarz aus:

KOPULIERE

Schließlich begreife ich. Es ist extrem kompliziert: Ich muss nach Hause zurück und »mit meiner Frau kopulieren«; auf diese Art und Weise bekomme ich, da ich als Jude an einem »Samstag kopuliert« haben werde, mildernde Umstände, wenn die Polizei mich abholt.

Die Tatsache, Jude zu sein, steht nämlich am Anfang dieser ganzen Geschichte und macht sie erheblich komplizierter. Meine Festnahme ist eine Konsequenz des jüdisch-arabischen Konflikts, und es würde mir nichts nutzen, wenn ich meine pro-palästinensischen Sympathien bekräftigte.

Ich erreiche meine Villa (sie ist vielleicht nicht mehr als ein einfaches Zimmer). Mir macht vor allem die Frage Sorge, ob ich tunesischer Gefangener in Frankreich oder französischer Gefangener in Tunesien sein werde. In beiden Fällen erwarte ich eine Amnestie aus Anlass eines Staatsbesuchs.

Ich fühle mich unschuldig. Was mir am meisten zu schaffen macht, ist, dass ich mehrere Jahre lang meine Socken werde anbehalten müssen, die ohnehin schon schmutzig sind.

N° 17
Juli 1970

Die Gerte

»Eines schönen Morgens« befinde ich mich abermals in einem Lager. Es ist Aufstehzeit; das Problem ist, mir Kleider zu beschaffen (ich bin angezogen wie in der Stadt: Tweedjacke, englische Schuhe).

Im Lager kann man alles kaufen. Ich sehe, wie große Geldscheine die Hände wechseln. Wärterinnen verabreichen Gefangenen Spritzen.

Man findet eine Jacke für mich. Wir stellen uns in einer Reihe auf und gehen hinunter (wir sind in einem großen Schlafsaal im ersten Stock einer Art ausrangierter Kaserne).

Wir verstecken uns einen Moment lang in einem Korridor.

Wir marschieren in Viererreihen. Ein Offizier bringt uns mit Hilfe einer langen Bambus-Gerte in Reih und Glied. Er ist zunächst noch freundlich, dann fängt er mit einem Male an, uns fürchterlich zu beschimpfen.

In Reih und Glied zum Appell. Der Offizier brüllt immer noch herum, aber er schlägt uns nicht. In einem bestimmten Augenblick halten wir beide (er und ich) jeder ein Ende der Gerte fest: Bei der Vorstellung, er könnte mich schlagen, überfällt mich Panik.

Das Universum des Lagers ist intakt: Man kann nicht daran rütteln.

Kurze Zeit später breche ich in Tränen aus, als ich an einem Pavillon vorbeikomme, in dem man sich um Kinder kümmert, die von einer unheilbaren Krankheit befallen sind. Sie haben hier ihre einzige Chance, zu überleben. Ich frage mich, ob dieses Überleben nicht darin besteht, sie in Pillen zu verwandeln, und erinnere mich bei dieser Gelegenheit an eine Anekdote über Abmagerungskuren, die funktionieren, weil man dabei Pillen zu schlucken gibt, die in Wahrheit einen einzelnen Wurm enthalten.

N° 18

August 1970

Der Vergelesse

Ich bin mit ihr im Restaurant.

Ich studiere die äußerst reichhaltige Karte, auf der sich aber nur Gerichte finden, die so banal wie teuer sind (zum Beispiel: »ein Paar Frankfurter mit Pommes frites«, zwölf Francs).

Ich werfe einen Blick auf die Weinkarte und schlage vor, einen »Vergelesse« zu nehmen.

N° 19

August 1970

Das Geldbündel

Im Stil einer amerikanischen Komödie. Es ist so, als ob einem ein Szenario vorgelesen würde, dessen Ausgang man von vornherein kennt.

Wir sind eine ganze Gruppe. Die Polizei nimmt uns ein erstes Mal fest, dann ein zweites Mal (aber sie sind gezwungen, uns laufen zu lassen) und ein drittes Mal, bei dem die Straffreiheit, auf die wir gesetzt hatten, nicht mehr wirkt.

Schließlich setzt uns der Große Polizeichef wieder auf freien Fuß, und man gibt uns unser Geld zurück.

Drei berühmte Schauspieler mit faltigen Gesichtern wie alte Western-Helden (Stewart, Fonda usw.) sitzen an einem Tisch und befingern lächelnd dicke Bündel von Dollarscheinen.

Großeinstellung auf ein Bündel blauer und gelber Scheine, die alle bis auf die Zahlen identisch sind: 500 $, 500 $, 100 $ usw., eine lange Serie von 1$-Noten in der Mitte, dann von neuem große Geldscheine.

Unterdessen erfahre ich, dass ich Vater werde, dann, dass ich es bin: Das Kind ist geboren, und ich bin nicht einmal benachrichtigt worden.

Ich folge einem langen Korridor und frage mich, welcher Vorname der passende wäre: er muss ganz kurz sein (zum Beispiel Jorg') oder sehr lang. Didier, zum Beispiel, ginge nicht.

Es ist ein Mädchen. Sie heißt Didière oder Denise oder so ähnlich. Sie hat ganz dünne Beine und trägt weiße Söckchen und weiße Schühchen. Sie scheint sehr ungehalten, mich zu sehen.

Während ich sie umarme, passiert es, dass ich ein winziges Stück ihrer noch *nicht ausgeformten* Zunge abreiße (das Gewebe ist noch nicht fest). Ich fürchte, ihrer weiteren Entwicklung zu schaden.

Nicht meine Frau kümmert sich um das Mädchen, sondern eher eine ihrer Freundinnen.

N° 20
August 1970

C.

Wochenende in Dampierre. Ankunft von C. und eines seiner Freunde. Ich spreche mit ihm über das Projekt einer Fernsehfassung der »Gehaltserhöhung«. Ein ähnliches Projekt ist mir vor kurzem von jemand anderem vorgeschlagen worden.

C. sagt mir, dass dieses Projekt auf ihn zurückgehe, dass er tatsächlich darüber mit (weder ihm noch mir gelingt es, sich an den Namen zu erinnern) gesprochen habe.

(ich kann mich auch beim Aufwachen nicht an ihn erinnern, aber all das scheint mir so logisch, dass ich von der Wahrscheinlichkeit, ja der Wirklichkeit dieser Szene weiterhin überzeugt bin).

N° 21

September 1970

S/Z

Ich kehre in jene Buchhandlung zurück, in der die Bücher, die meisten antiquarisch, in einer Ecke übereinandergestapelt oder eher aufgehäuft sind.

Ich suche nach einem bestimmten Titel, aber der Buchhändler hat ihn nicht. Ich durchblättere in Gesellschaft von Z. ein paar Bände.

Ich stoße auf ein Buch; der Name des Autors ist mir geläufig, aber mehr nicht: Es handelt sich um eine gigantische Kompilation, oder eher ein Wörterbuch, aller S/Z-Varianten bei Balzac.

Auf jeder Seite erscheinen vier Spalten:

Nachgewiesener Begriff	:	S	:	Z	:	Stellenbeleg
	:		:		:	
	:		:		:	
	:		:		:	

Die Spalten »nachgewiesener Begriff« und »Stellenbeleg« liefern Erläuterungen, die Spalten »S« und »Z« listen alle transformierten Wörter auf. Zum Beispiel:

	:	S	:	Z	:	
	:	Balsac	:	Balzac	:	
	:	Maissé	:	Maizsé	:	
	:		:		:	

(Maissé ist der Name einer Figur, und Maiszé, ein Begriff, der mir zunächst nichts sagt, ist – natürlich! Wie konnte ich das nur vergessen? – der Name eines polnischen Dorfes.)

So geht es über Seiten und Seiten. Jeder Begriff oder eher, jedes Paar, ist so offensichtlich, dass man sich fragt, warum nicht schon früher jemand daran gedacht hat; und man wundert sich, dass man erst auf Roland Barthes warten musste, bis man etwas bemerkte.

Während ich das Buch von hinten durchblättere, weist Z. mich auf eine Serie von Motti hin, die (in Rot?) am Anfang eines Kapitels stehen. Das erste sagt etwas in der Art von: »Perec beraubt sich seiner Buchstaben«; es handelt sich um einen Auszug aus einem Artikel zu »La Disparition«, aber ich sehe weder den Namen des Autors noch den der Zeitung; ich empfinde eine große Befriedigung, ganz so, als ob dieses Zitat ein Zeichen der Anerkennung wäre (dass man ernst genommen wird).

Der Autor des Buches ist eine Frau, und ich erinnere mich, einen ihrer Romane gelesen zu haben.

N° 22

August 1970

Initialen

Zwei meiner ehemaligen Freunde (von denen einer zum Beispiel Pierre B. wäre, den ich seit 10 Jahren nicht gesehen habe) sind in Dampierre. Ein Dritter - der den Namen eines Geschäftsführers tragen soll, von dem ich zuweilen höre, den ich aber nie gesehen habe - ist vielleicht verhaftet worden. Man fragt sich, ob er G.P. sein könnte. Nein, schreie ich. Dann also Maoist oder P.C. Ich verstehe P.C.F. und erkläre: Das ist nun wirklich nicht dasselbe! Aber der andere präzisiert: P.C.M.L.F.

Die meisten Begriffe dieses Traums ähneln Definitionen aus Kreuzworträtseln.

N° 23

September 1970

Richtung Süden

Beim Aufwachen bleibt nur dieses Wort:

Marseille

Wir fuhren Richtung Süden.

Wir waren schon dorthin gefahren, aber aus einer anderen Stadt kommend.

N° 24
September 1970

Die Katzen

Nach einigem Umherirren finde ich mich in der Rue de Quatrefages ein (oder ist es die Rue des Boulangers? Oder die Rue de Seine?).

Ich komme vom hinteren Zimmer ins vordere. Dort sitzt Denis B. (oder ist es gar Michaud?).

Auf dem Boden Katzen. Mindestens drei. Ganz kleine Kugeln aus Fell. Ich schreie: Ich habe doch gesagt: »Ich will so ein Bi*es*t hier nicht!« Ich packe eine der Katzen, gehe zur Tür und werfe sie hinaus. Da stelle ich fest, dass zwischen dem Fußboden und der Tür ein Spalt bleibt, der groß genug ist, um eine kleine Katze durchzulassen.

Außerdem befindet sich das Haus in einem Zustand fortgeschrittenen Verfalls.

Der Nachbar in der Wohnung unter mir hat einen riesigen Kamin. Er hat ein Feuer gemacht, und mein Zimmer brennt. Man sieht unter den verkohlten Böden Teile des Mauerwerks aufscheinen und die Enden der Eisenträger. Mein Freund fragt mich einigermaßen ängstlich, was wir nun tun sollen. Aber ich bin kein bisschen aufgeregt und sage in aller Ruhe die Liste der Arbeiten auf, die nun zu unternehmen sind.

N° 25

September 1970

Die zwei Stücke

Ich soll in zwei Theaterstücken spielen.

Eine kurz zurückliegende Statistenrolle hat mein Schauspieltalent offenbart, und ich bin aus dem Stand engagiert worden.

In dem Augenblick, da ich die Bühne betrete, bemerke ich, dass ich niemals geprobt und meine Rolle kein einziges Mal gelesen habe.

Die Szene spielt in einer großen Halle, die Café, Schlafsaal, Kantine in einem ist. Die Schauspieler sitzen zu Tisch. Ich setze mich auf den frei gebliebenen Stuhl gleich am Bühnenrand.

Ich spiele eine Art Clochard. Auf dem Tisch liegt ein kleiner Zettel mit einigen Repliken, aber ein Schauspieler neben mir (der auch der Regisseur ist) beugt sich herüber und flüstert mir zu, dass dies nicht meine Rolle sei.

Mich packt eine große Angst. Kurze Zeit später schafft man es immerhin, mir einen Zettel zuzustecken (eher so eine Art Einwickelpapier wie beim Metzger) mit ein paar Hinweisen zum Text. Ich muss mich auf das kleine Augenzwinkern meiner Partner verlassen, um zu wissen, wann ich meinen Einsatz habe.

Das Stück beginnt.

Ich weiß nicht ein noch aus. Ich habe den Eindruck, einfach drauflos zu reden. Zum Glück hat der Autor einen sehr zusammenhanglosen Text geschrieben. Es ist eher eine Art Stimmengewirr.

Nach einer gewissen, quälend langen Zeitspanne (ich verhunze die Arbeit der anderen) tauchen hinten im Saal die C.R.S. auf.

Das gehört zum Stück.

Großes Durcheinander.

Übergang zum zweiten Stück.

Ein Einakter mit drei Personen. Ich spiele die Rolle des Bären (oder ist es gar die des Teufels?) und mir gegenüber habe ich Faust oder Marguerite, oder auch Don Juan und Faustine. Ich bin nicht besonders besorgt um meinen Text, während man mir das Fell bringt, das ich überziehen soll. Er besteht vor allem aus Gebrumme.

Ich erfahre, dass die Rolle eigentlich für Roger Blin geschrieben worden ist, der sie gleich am nächsten Tag spielen soll, und bin mit einem Mal sehr erheitert über die Vorstellung, dass ich »eine Rolle kreiere, die Blin übernehmen wird«.

War das erste Stück nicht eher eine Probe? Das zweite jedenfalls wird nicht gespielt.

N° 26
Oktober 1970

Die S-förmige Bar

Ich bin mit P. in meinem Zimmer. Mein Bett ist übersät mit Schaumstoffwürfeln, die in durchsichtigen Plastiketuis stecken. Glücklicherweise, denn aus den Wänden und dem Plafond tritt Wasser aus. Man könnte sogar meinen, Wände und Plafond bildeten ein einziges Geflecht aus bunten Röhren. Alles ist durchnässt. Pierre erklärt mir, dass die Leute oben drüber ihre Badewannen renovieren (neu ummauern) lassen.

Neben dem Bett steht ein Tisch und auf dem Tisch ein ausgehängtes Telefon. Ich habe den Eindruck, dass, wenn ich den Hörer wieder auflegte, es wieder zu klingeln anfinge (vielleicht klingelt es ja auch, obwohl es ausgehängt ist?). Ich lege wieder auf; es geschieht nichts.

Später sind Pierre und ich in einem Kaufhaus vom Typus Drugstore. Zu einem bestimmten Augenblick befinde ich mich allein in der Buchabteilung. Alle Bücher liegen flach aus; sie sind in blasse Farben eingebunden (mauve, blau, mausgrau, rosa, lavendel usw.). Ich stelle fest, dass es sich ausschließlich um erotische Bücher handelt. Die Titel sind zumeist sehr kurz, oft ist es ein einfacher weiblicher Vorname (Fabienne, Irène). Die Namen der Autoren sind mir unbekannt (wahrscheinlich lauter Pseudonyme).

Pierre und ich gelangen in einen großen Saal, wo wir glauben, etwas zu essen oder zu trinken zu bekommen. Aber ein Oberkellner bedeutet uns, dass die Bar sich etwas weiter weg befindet, auf der anderen Seite einer breiten Glaswand.

Wir nehmen jeder ein Glas. Das eine ist ein stumpenförmiges Whiskyglas, das andere ein recht hübsches Stielglas mit einer eiförmigen Ausbeulung gleich oberhalb des Fußes. Auf der anderen Seite der Glaswand befindet sich ein weiterer großer Saal mit einer Treppe, die zum Restaurant führt. Der Oberkellner zeigt sie uns, aber wir wollen nur etwas trinken, und er führt uns in die Bar. Es ist eine sehr lange Bar, sie hat die Form eines »S«. Auf der anderen Seite des Tresens spielen mehrere junge Männer, hochgewachsen, Typus Sportler mit Bürstenhaarschnitt, mit Würfeln auf einem runden Brett, das sie auf ihren Knien zu halten scheinen. Der Barmann reicht uns unsere Getränke. Jemand fragt, ob die Würfelspieler zur Universität gehören, aber sie antworten mit einem abschlägigen Kopfschütteln, wobei sie sich über diese Hypothese sehr zu amüsieren scheinen.

N° 27

Oktober 1970

Der Wechsel

Ich muss ein Flugzeug nach Venedig nehmen, und später nach Toulouse fahren, um meine Steuern zu zahlen. Große Probleme mit dem Geldwechsel. Wenn ich über Italien reise, spare ich viel Geld. Aber ich darf natürlich nichts verzollen.

Große Verwirrung.

Ich habe einen Scheck bei mir (über 5.000, 30.000 oder 50.000 Francs) und einen einzigen 500-Francs-Schein.

Ich muss 6.000 Francs zahlen, was mir enorm vorkommt. Außerdem stelle ich fest, dass, auch wenn erst Donnerstag ist, ich erst am Samstag in Italien sein kann und dort am Samstag alle Banken geschlossen sind. Ich hätte noch am selben Abend abreisen sollen.

Alle diese Szenen spielen in einem Hin und Her von einem Schalter zum nächsten. Kosmopolitisches Ambiente eines großen Flughafens.

Mir wird klar, dass diese Reise vollkommen überflüssig ist, denn dieses Bankgeschäft hätte ich auf jeden Fall auch etwas später, anlässlich meiner Reise nach Deutschland, erledigen können.

N° 28

Oktober 1970 (Neuweiler)

Die Epidemie

Der Träumer (die ganze Geschichte ähnelt nämlich einem Roman in der dritten Person) hat sich in einem kleinen Bistrot niedergelassen. Obwohl er hier fremd ist, wird er rasch als einer der treuen Stammgäste des Hauses angesehen. Der Wirt und ein paar Gäste sprechen über die Epidemie. Der chinesische Koch aus dem Restaurant nebenan tritt ein (der Träumer sagt sich, dass er jemandem ähnelt, den er kennt); der chinesische Koch sagt, dass man einen Ersatz für ihn finden müsse, denn er könne nicht weiterhin am Herd stehen und gleichzeitig bei den Mädchen kochen. Er zitiert in diesem Zusammenhang eine von Shakespeares Sentenzen:

– Sie werden daran nicht alle sterben, aber alle werden betroffen sein!

Der Wirt betrachtet verblüfft den Träumer: diesen Satz hat er doch von ihm. Im selben Augenblick begreift der Träumer, dass er nicht länger ein am Tisch sitzender Unbekannter ist, sondern zur »zentralen Person« wird; und gleichzeitig erkennt er den chinesischen Koch wieder; er kennt nur ihn, denn er ist es, der tatsächlich von Zeit zu Zeit vorbeikommt und den Mädchen unentgeltlich unter die Arme greift.

Es hat eine große Cholera-Epidemie gegeben. Alle wollen sich untersuchen lassen. Ein Symptom ist das Blutspucken. Der Träumer und zwei seiner Freunde streifen durch die Stadt. Sie gelangen an eine Treppe, die von einer großen Schar junger Mädchen blockiert wird, wahrscheinlich ein Internat. Sie tun so, als hätten sie ein Vorrecht, als sei einer von ihnen erkrankt, um den Arzt zu zwingen, sich zuerst um sie zu kümmern. Der Arzt ist genötigt, sich einen Weg durch den Pulk der Mädchen zu bahnen.

Etwas später klaubt der Träumer inmitten einer dichten Schar liegender, kranker Mädchen ein Stück Erde vom Boden (und nicht etwa Dreck oder ein Exkrement). Und er entdeckt hinter einer Tür seinen Freund J., der dort tot daniederliegt, zu Erde geworden ist, zu einem Block Erde an dem das Stück fehlt, das er gerade aufgehoben hat.

N° 29

November 1970

London

Ich bin in einer fremden Stadt. Es ist London, ein weit außerhalb gelegenes Viertel, sehr weit entfernt von Waterloo oder Victoria.

Ich gehöre zu einer Gruppe von Touristen, und wir irren in einem großen Drugstore herum. Wir begegnen einer anderen Gruppe, die ich angeblich kennen muss. Tatsächlich wirkt jeder vertraut auf mich und sieht so aus, könnte so aussehen, wie jemand, den ich kenne. Ich bin verwirrt. Ich deute jeweils ein Lächeln an.

Jedenfalls ist gewiss, dass sich in der anderen Gruppe einer meiner alten Freunde, Jacques M., befindet. Er hat sich einen Bart wachsen lassen. Es sind auch Freunde von ihm dabei, die Frieds. Jacques' Frau Marianne hingegen befindet sich in meiner Gruppe.

Da begreife ich, dass Jacques und Marianne sich getrennt haben.

Am nächsten Morgen treffe ich Marianne und verkünde ihr, dass Jacques da ist. Sie bewegt sich auf ihn zu, schlägt dann plötzlich eine andere Richtung ein. Ich folge ihr.

Wir kommen an einer Gruppe junger Mädchen vorbei. Eines tritt entsetzt zurück, als ich näher komme.

N° 30

November 1970

Gaba

Mein Chef zahlt mir 82 (3 x 16) anstatt 45 Francs (3 x 15) dafür, dass ich ihm drei Tage lang als fiktives Versuchsobjekt gedient habe.

Ich schlage ihm vor, das Geld in eine schwarze Kasse fließen zu lassen, aber er schüttelt ablehnend den Kopf.

Er fragt mich, wie weit ich mit meiner Kartei sei.

Ich denke an die GABA (Gamma-Hydroxybutansäure), dann an die präsynaptische Erregung, die – natürlich – die synaptische Erregung ist, und an die präsynaptische Hemmung.

(lange Empfindung des Unbekannten beim Erwachen)

N° 31

November 1970

Die Gruppe

Von dem, was vielleicht einmal ein großes Fest auf dem Lande war, eine Oper voller Peripetien, bleibt nur das reglose, fast schon versteinerte, schleichend beängstigende Bild einer Gruppe: Vier Personen à la Watteau, zwei Männer, eine Frau, ein Mann..........

N° 32
November 1970

Ein Abend im Theater

Ich war mit Z. auf einer öffentlichen Veranstaltung, an der auch Aragon und Elsa Triolet teilnahmen. Elsa Triolet, eine kleine, alte und sanfte Frau, winkte mir leicht zu, worüber ich mich wunderte, denn wir kennen uns nicht.

Später.

Wir sind im Theater.

Ich lehne mich ganz nahe bei der Bühne, genau über den Rampenlichtern, auf die Brüstung. Zu einem bestimmten Zeitpunkt erhebt sich einer der Schauspieler, der mit dem Rücken zum Publikum auf der Bühne saß, und beginnt wie ein Dirigent den Takt vorzugeben. Man hört Musik aus den Kulissen. Zunächst nur ein Cembalo, dann ein ganzes Orchester. Rechts beginnt eine Gestalt zu singen. Das ist das Ende des Stückes. Ich bin erschüttert, wobei mir bewusst ist, dass es dazu keinen Anlass gibt, und ich frage mich vage, warum ich der Einzige zu sein scheine, der derart aufgewühlt ist.

Beim Verlassen des Theaters herrscht Gedränge.

Ich stehe mit Z. oben an der Treppe. Elsa Triolet geht unten vorbei und bewegt sich auf einen anderen Ausgang zu, der im rechten Winkel zu unserem liegt. Sie nickt mir abermals zu. Ich sage zu Z.: »Das ist Elsa Triolet«. Z. erzählt mir, wie klein ich war, als sie mich kennen lernte, und dass sie mir jemanden vorstellen wolle, der mich noch kleiner schon kannte. Aber all das sagt sie so, dass ich nicht weiß, ob es sich um eine Frau oder einen Mann handelt und ob sie nicht sagen wollte »noch kleiner als ich«.

Wir gehen heim.

Mein Onkel, ein Kahlkopf, folgt uns. Ich erkenne in ihm Z.s derzeitigen Liebhaber. Vor meinem Onkel hergehend und ihn gewissermaßen abwimmelnd betritt Z. mit mir eine Art kleinen Schlafsaal, einen finsteren Raum, den ich als eines der Nebengebäude des Hauses in Dampierre identifiziere.

Wir werfen uns auf eines der Betten. Z. presst sich leicht keuchend an mich, aber ich ahne, dass sie die Absicht hat, sich zu meinem Onkel zu gesellen, und dass es ihr lieb wäre, wenn ich hier zurückbliebe. Alles bedacht, scheint sie doch nicht endgültig festgelegt zu haben, was sie tun will. Ich jedenfalls, sage ich ihr, möchte nirgendwo anders als in meinem Zimmer schlafen.

N° 33
November 1970

Die Esplanade

Ein Massenauflauf von Bullen in Pelerine auf einer großen Esplanade; es sind keine C.R.S., sondern eher Schupos, die den Fahrtweg für eine Persönlichkeit absperren.

Ich werde von Bullen umringt. Ich bin nackt oder nur in Unterwäsche, aber die Bullen scheinen das für normal zu halten.

In einem bestimmten Augenblick renne ich los.

Ich gelange an ein Auto, J. steht gleich daneben. Meine Kleider liegen verdreckt auf dem Boden, im Matsch. Ich finde eine Socke wieder, aber ich kann sie nicht anziehen.

Wir wollen den Wagen nehmen (mit der Idee, dass ich mich drinnen umziehen kann). Auf dem Vordersitz, auf dem Sitz des Fahrers, liegt ein riesiger Kuhfladen: Wir wischen ihn mit einem Vorhang auf.

Später fahren J. und ich mit dem Wagen. Wir kommen an einem Kino vorbei. Eine enorme Reklamewand kündigt einen erotischen Film an: zwei Gestalten aus Neonröhren, ein Mann und eine Frau, führen alle möglichen Stellungen vor (mit der zugrunde liegenden Idee von Permutation und Wiederholung): Mann und Frau auf dem Rücken, Mann auf der Frau, Frau auf dem Mann, Mann und Frau auf dem Bauch usw.

N° 34
November 1970

Die Doppelwohnung

Es gibt mehrere Doppelhäuser oder Doppelwohnungen, das heißt, es wohnen dort zwei Familien, die von einem gemeinsamen Zimmer getrennt werden. Die L. sowie P. und ich teilen uns eine solche Wohnung. Marianne M. kommt uns besuchen. Wir gehen runter, um sie zu empfangen; sie besteigt den Aufzug mit einem Unbekannten, von dem sie mir gegenüber behauptet, es sei ihr Ehemann, aber so sehr ich mich auch bemühe, ihn wiederzuerkennen, es gelingt mir nicht.

Eine kleine Toilette: Die Klosettschüssel ist voller Scheiße. Ich wundere mich, ein wenig erleichtert, dass es nicht stinkt. Als ich den Deckel über der Schüssel zuklappe, beschmiere ich mir den Daumen mit ein bisschen Scheiße. J. zeigt mir das Waschbecken. Ich muss lange reiben, bis der Fleck verschwindet, dann wird meine Hand plötzlich ganz schwarz.

Ein kleiner Bahnhof, vielleicht in England.

P. und ich gehen mehrere Male hin. Dort findet sich ein Zeitungsstand unter freiem Himmel. P. nimmt eine Zeitung und vergisst zu bezahlen.

N° 35

Dezember 1970

Im Café

1

M.K. besichtigt meine Wohnung. Sie trägt ein Glas Wasser von der Dusche in die Küche und kippt es über einen schwarzen Beistelltisch. Das Wasser breitet sich aus, ohne herunterzutropfen, und überzieht die Tischplatte mit einem Glanz, als wäre es ein Instant-Wachs.

2

Dampierre. Die Gäste versammeln sich im Esszimmer. Z. kommt herunter, ist hinreißend schön. Ich schleppe sie in ein kleines Zimmer, das eng ist wie ein Schlauch. Ich sage ihr, dass ich sie verlassen werde. Sie sagt:

– Trotzdem gebe ich Dir ein…

(das Wort ist mir entfallen: Pfand, Diplom, Geheimnis, Versteck).

Sie legt mir eine Kette um den Hals.

3

Ich liege mit P. in einem Bett. Tatsächlich sind wir in einem Café, ziemlich viel Volk, aber niemand wundert sich darüber, uns in einem Bett zu sehen, und wir fühlen uns in keiner Weise gehemmt. Immerhin sage ich mir, dass es schon komisch ist, sich in einem Café zu lieben; selbst wenn wir uns so weit wie möglich unter den Laken verkriechen, wird man doch das Auf und Ab der Bettdecke sehen. Wir verlegen uns im Übrigen auf eine schwierige Art von Gymnastik, um uns auszuziehen. Für mich ist es noch ziemlich einfach, aber für P. ist es schon sehr viel komplizierter.

In einem bestimmten Augenblick erhebt sie sich und hakt ihren Büstenhalter auf. Ihre Brüste sind geschwollen und violett, mit Flecken oder eher Hämatomen übersät, wie sie von außergewöhnlich gierigem, lang anhaltendem und häufig wiederholtem Saugen herrühren. Ich bin eifersüchtig auf den Mann, der ihr das angetan hat.

P. steht auf, verlässt das Bett, obwohl sie nicht mehr als ein transparentes T-Shirt trägt, legt eine Platte auf den Phonokoffer und kündigt den Gästen im Café das Lied an, dann bewegt sie sich in eine etwas geschütztere Ecke, zieht ihr T-Shirt aus und kommt ins Bett zurück, wobei sie mit ihren Armen und diesem Fetzen Stoff ihre Brüste und ihr Geschlecht so gut wie möglich verbirgt.

In diesem Moment serviert man uns auf einem langen Tisch, der gleich neben unserem Bett steht und an dem bereits zwei Gäste sitzen, etwas zu essen. Man wirft uns eine Karte hin: Vorspeise, Hauptgericht und Dessert. Ich nehme nur ein Beefsteak. Man knallt mir ein sehr kurioses Gericht hin, wobei gesagt wird, dies sei eine Vorspeise, dann nein, das ist das Dessert des Gastes am anderen Ende des Tischs. Dann kommt mein Steak, aber es ist ein Gericht, das nach gar nichts aussieht.

N° 36

Dezember 1970

Im Kaufhaus

Ich bin mit P. in New York. Wir wollen in ein großes Kaufhaus gehen, dessen Dächer man jenseits mehrerer Häuserblöcke ausmachen kann.

Wir sind im Auto unterwegs. Ich weiß nicht, wer fährt. Wir haben Schwierigkeiten, uns zu orientieren, und fahren schließlich gegen die Einbahnstraßen.

Wir erreichen das große Kaufhaus und wir betreten den Fahrstuhl. Die Stockwerke werden von einem schwarzen Zeiger angedeutet, der sich über ein rundes Zifferblatt bewegt, das ähnlich aussieht wie bei einer Standuhr. Wir kommen im 10. Stock an, aber der Zeiger steht auf 2cd.

Wir verlassen den Fahrstuhl. Wir sind in der Textilabteilung. P. schaut sich dicke Frottee-Handtücher und Badetücher an; tatsächlich will sie entweder Weißwäsche oder Wäscheweiß kaufen.

Fast alle sprechen Französisch, aber mit ein paar amerikanischen Ausdrücken vermischt. Ich wechsele ein paar Worte mit zwei Herren. Dann treten zwei weitere Herren in Erscheinung, sie sind jung und vollkommen nackt. Sie gehen über die Treppe wieder hinaus. Der Rücken des einen ist von multipler Plaque überzogen, kleinen runden und trockenen Plättchen, die sich gegenseitig überlappen wie Dachschindeln. Ich denke (oder ich sage) »Multiple Sklerose«, und verbessere mich dann: »Sklerodermie«.

Ich trenne mich von P., um in eine andere Abteilung zu gehen. Ich nehme wieder den Fahrstuhl. Diesmal scheint der Stockwerkanzeiger sich auf aberwitzige Weise zu bewegen; zuerst denke ich an eine Art weiche Uhr, dann begreife ich, dass der Zeiger jeweils einem doppelten Mechanismus unterworfen ist; der eine entspricht in der Tat den Stockwerken, der andere ist mit einem Uhrwerk verbunden. Auf dem Zifferblatt findet sich nämlich nicht nur eine Zahlenreihe, sondern derer zwei, die eine größer und schwarz, die andere winzig und rot.

Als ich aus dem Fahrstuhl herauskomme, treffe ich wieder auf P. Unten am Fahrstuhl liegt ein Päckchen (ein Babykorb), darin befinden sich eine Tasche, die P. am Vortag in den Fluss hatte fallen lassen, und zwei Schachteln Wäscheweiß: kleine weiße Perlen, vergleichbar in etwa mit Mottenkugeln, die beim Waschen zum Weißen der Laken dienen.

N° 37

Dezember 1970

Der Stuckateur

Wegen eines großen Festes bin ich nach Dampierre zurückgekehrt. Ich bin voller Vertrauen und Selbstvertrauen, aber in der riesigen Küche und den zahlreichen Speisezimmern, in denen sich Massen von Leuten befinden, die mir alle mehr oder weniger vertraut sind, keine Spur von Z. noch von ihren Kindern. Ich suche im Park nach ihr.

Man hört es rufen: Niki! Niki! Niki erscheint mit ihren siebzehn Hunden; diese springen auf mich zu und werfen mich beinahe zu Boden, aber dann zeigen sie sich zutraulich und schwänzeln herum. Obwohl sie mich erst einmal gesehen hat, reicht Niki mir überschwänglich die Hand und schlägt mir vor, H. anzurufen, einen unserer gemeinsamen Freunde, damit er am Mittwoch zu uns stößt. Ich antworte ihr, dass ich am Mittwoch leider nicht da sein werde.

Ich durchquere abermals Küchen und Speisezimmer. Es sind immer mehr Leute da, und es ist nicht genug gekocht worden für alle. Die Menge wird ungeduldig. Man kündigt Neuankömmlinge an (Z? Etwas zu essen?). Die Leute suchen die Straße mit Ferngläsern ab; es ist eine geradlinige Straße, die sich ins Unendliche erstreckt; aber keine Spur von Ankömmlingen.

Habe ich C. gesehen? Habe ich S. gesehen? Haben sie mir gesagt, dass ihre Mutter mich erwartete? Ihr Zimmer ist dunkel, aber in einem bestimmten Augenblick habe ich gesehen, wie eine Hand mit einem rot-weiß karierten Stoff (Vichy) über eine Fensterscheibe wischte (die Scheibe eines kleinen Fensterkaros).

Etwas später.

Z. ist vielleicht in dem Gebäude der Kinder. Dies ist ein Haus aus Pappkarton. Um das Erdgeschoss zu betreten, muss man zunächst eine Art sehr engen, aber anscheinend dehnbaren Korridor durchlaufen. Ich zwänge mich mit dem Kopf zuerst hinein und frage mich, ob ich mit meinen Schultern durchpasse – oder eher: und wundere mich kaum mehr darüber, dass ich durchpasse. Ich habe schon die Hälfte des Weges hinter mir, aber innen sehe ich einen Arbeiter aufkreuzen, den ich, ich weiß nicht warum, den Stuckateur nenne: Er kommt die Treppe herunter, die zu Z. führt, und bewegt sich auf eine andere Treppe zu. In der Hand hält er eine Bohrmaschine, die mit einem stattlichen Schleifvorsatz ausgerüstet ist.

Ich ziehe mich aus dem Gang heraus, wobei ich den Eindruck habe, ihn mitzureißen, sodass das ganze Haus einzustürzen droht.

Zu meinen Füßen bemerke ich jemanden, den ich zunächst für ein Kleinkind halte, ein schwächliches und schmächtiges Wesen mit lang gestrecktem Kopf und ganz dürren Gliedmaßen.

Das Kinderhaus ist jetzt ein zweistöckiger Wohnwagen mit einer Doppeltür aus Holz und Messing (wie die Tür zu einem Schlafwagenabteil). Ich will durch diese Tür eintreten, das kleine Kind allerdings auch, aber ich packe es bei seiner Haut im Nacken und schleudere es fort. Da bemerke ich, dass es sich um ein kleines Tier handelt, ähnlich wie ein Iltis im Zeichentrickfilm. Es kratzt und beißt mich. Es wirkt bösartig.

Ich schaffe es, den Wohnwagen zu betreten. Es ist mein Zimmer. Z.s Zimmer befindet sich vielleicht oben, aber es ist immer weniger gewiss, ob Z. da ist.

Das Tier hat es geschafft, sich zur Hälfte zwischen die erste und zweite Tür zu zwängen. Ich habe plötzlich eine solche Angst, dass es ihm gelingen könnte, vollends in mein Zimmer einzudringen und mich sodann in Schrecken zu versetzen, indem es sich in den Winkeln versteckt, dass ich beschließe, es zu töten. Ich nehme es auf meinen Schoß; ich drücke ihm den Hals zu, es wehrt sich, aber nur schwach. Es wirkt ungefährlich (verängstigt, resigniert, traurige große Augen); flüchtige Zuckungen fahren durch seine dünnen Beinchen. Ich drücke fester zu. Mir wird klar, dass ich dabei bin, es zu töten, und bald schon ist es ein kleines, lebloses Kind. Der Druck in den Halsadern ist immer stärker geworden, immer stärker, und hat dann mit einem Schlag nachgelassen.

(ich wache auf, die Finger ganz verkrampft und verschwitzt)

Etwas später (Wachtraum)

Ich bin in einer dunklen Kammer. Vor mir eine offene Tür, die auf ein schwach erhelltes Zimmer geht. Eine grauhaarige Frau in langem Kleid geht auf und ab.

Aber was bislang harmlos und nicht einmal verwirrend war, ist mit einem Male zum Grauen: es ist dieselbe Frau wie diese Gestalt in »Psycho« (ein junger Irrer, der sich in seine alte Mutter verkleidet), die mich, als ich den Film gesehen habe (vor zehn Jahren, in Sfax), so sehr verängstigt hat, dass mich die ganze darauffolgende Nacht allein die Erinnerung an meine Panik und das Geräusch, das unter dem Bett oder unter den anderen Möbeln ein imaginäres Tier machte, wach gehalten haben.

DREI TRÄUME VON J.L.

N° 38

1966

Das Palais de la Défense, I

Ich bin im Palais de la Défense. Es stürzt gerade in sich zusammen.

Ich rase mit meiner Frau eine Treppe hinunter.

N° 39

1968

Die steinerne Brücke

Eine steinerne Brücke an einer Kreuzung von Fluss mit Weg.

Ein Schild mit dem Namen der Ortschaft:

(DU)

In Klammern.

N° 40

1972

Das Palais de la Défense, II

Ich bin im Palais de la Défense. Mir ist so, als öffne sich das riesige Gewölbe des Palais und schließe sich dann wieder.

Später: Ich bin immer noch im Palais de la Défense. Es ist kein Gewölbe mehr da – oder eher noch: Das Gewölbe, das Palais sind überall.

N° 41

Januar 1971

Auf Jagd in Dublin

Es ist ein Abenteuerfilm in Farbe; die Farben sind sehr stumpf, eine Art Camaieu in fahlroten Tönen, ganz »amerikanisches Kino« (wie in »Captain Lightfoot« von Douglas Sirk oder »The World in his Arms« von Raoul Walsh).

Die Handlung spielt in Dublin zu Anfang des 19. Jahrhunderts.

Die zentrale und einzige Gestalt, die ich wie ein Schatten begleite, ist ein revolutionärer Anführer, der entweder an die Polizei verraten oder eher noch von seinen ehemaligen Kameraden zum Tode verurteilt worden ist.

Er weiß es.

Er geht mit einer kleinen Hündin spazieren, und er weiß, dass, sobald zwei Rüden herankommen und sie beschnuppern werden, dies das von den Mördern verabredete Zeichen ist und sie sich zeigen werden.

Er versucht nicht, vor dem zu fliehen, was ganz offenbar unausweichlich ist; im Gegenteil, er zeigt sich in der ganzen Stadt, geht in die Pubs usw. Die Leute wenden sich von ihm ab oder schauen ihn hasserfüllt, verächtlich oder mitleidig an. Aber nicht ein Hund nähert sich seiner Hündin.

Doch plötzlich, in einem bestimmten Augenblick, entkommt die Hündin ihrem Herrchen und nimmt Reißaus.

Überhastetes Gerenne, um sie wieder einzufangen. Denn er mag wohl in seinen Tod einwilligen, aber er will nicht sterben, ohne zu wissen, wann er getötet wird und von wem.

Durch die Hinterhöfe rennen

Über Mauern klettern
Treppenhäuser hochsteigen
Stark Furcht einflößend, alles: Jeder wirkt bedrohlich.

Wenigstens zweimal drehen wir denselben Kreis (tatsächlich geht es immer weiter in die Höhe, wobei wir im Kreis laufen, um dann wieder am Ausgangspunkt zu landen – wie auf einem Stich dieses holländischen Künstlers, dessen Name mir entfallen ist (Escher), oder eher so, als ob wir uns auf einem riesigen Möbiusband bewegten.

Die Bilder könnten einen gewissen Einschlag von »Pépé le Moko« haben.

Ein wenig verängstigt versuche ich in einem bestimmten Augenblick, »die Bilder schneller laufen zu lassen« (mich schneller über die Treppen laufen zu sehen), aber es gelingt mir nicht.

N° 42

Januar 1971

Die Zubereitung des Mahls

Z. gibt ein Fest für einen Freund. Auf der anderen Seite einer dünnen Trennwand bereiten wir – das heißt ich an der Spitze eines Heers von Küchenjungen – das Essen vor. Wir sind sehr ausgelassen, wir singen. Ich stelle eine Art Crème, Mayonnaise oder Pudding her, indem ich lauter Dosenprodukte unterrühre: wie leicht das doch ist! Und wie appetitlich!

Aber – später vielleicht, am Ende – kommt ein kleines Tier und frisst aus der Schüssel.

Ich bin sehr ausgelassen. Ich bin der Narr, der Lieblingsspaßvogel.

N° 43

Januar 1971

Die Wohnung

Es ist Henri G.s Wohnung. Ganze Fluchten von »schachbrettartig« versetzt liegenden Räumen.

In jedem Raum Hi-Fi-Geräte: Tonbänder, Radios, Stereoanlagen usw. Und noch mehr und immer perfekter.

N° 44

Januar 1971

High fidelity

Ich durchstreife mit P. die »High-fidelity«-Abteilung eines Kaufhauses. Vielleicht hat eines der Geräte eine ganz besonders bemerkenswerte Form?

N° 45

Januar 1971

Der Panzer

Mit P. und einem ihrer Freunde haben wir uns in einem verlassenen Haus niedergelassen. Auch wenn ich mich daran erinnere, gerade noch Leitungswasser getrunken zu haben, ist uns doch der Rat ausgegeben worden, sich nur an Mineralwasser zu halten, selbst zum Kochen. Aber die Flasche Mineralwasser, die wir vorfinden, ist nicht mal verschlossen.

Wir setzen uns zu Tisch. Wir finden alle unter der Tischplatte (ähnlich wie ein Kaugummi, den man loswerden wollte) ein Stück Pastete. Obwohl es wahrscheinlich schon mehrere Tage alt ist, wirkt es absolut nicht vergammelt, aber P. wirft es angewidert fort.

Durch das hohe und schmale Fenster bemerke ich einen riesigen Panzer. In Wirklichkeit handelt es sich um einen Felsen, aber er sieht zweifellos aus wie ein Panzer: große Metallplatten, überzogen mit Lack oder Farbe, die in ganzen Stücken abplatzt oder, losgelöst von ihrem Untergrund, dicke Blasen zu werfen scheint. Das Ganze wirkt schlammig, glitschig.

Bald mache ich einen kleinen Jungen aus, der, sich von links nach rechts bewegend, über den oberen Rand der Ketten rennt, mithin also über einen Pfad, der in die Felswand gemeißelt ist. Ein Mann verfolgt ihn. Ein anderer taucht vor ihm auf und versperrt ihm den Weg. Das Kind hat keine andere Chance zu entkommen, als zu springen, aber das wäre wirklich ein Sprung ins Leere, und man darf um sein Leben fürchten. Es scheint evident, dass der Junge vor dem Sprung zurückschreckt, aber im letzten Augenblick verliert er das Gleichgewicht und er springt, in etwa so wie ein Kind, dass ins Schwimmbecken geschubst wird und sich in dem Moment zum Kopfsprung entschließt, da ihm klar wird, dass es auf jeden Fall ins Wasser stürzen wird.

Ganz am unteren Ende des Felsen-Panzers befindet sich ein See, den ich von meinem Fenster aus überblicke. P. und ihr Freund befinden sich jetzt auf dem gegenüberliegenden Ufer.

Das Kind stürzt, mit den Füßen vorweg, in den See, aber es ist ganz so, als habe es nur einen Sprung von wenigen Zentimetern getan. Das Wasser ist ganz niedrig. Das Kind rennt auf die Mitte des Sees zu, verliert dann den Boden unter den Füßen und fängt an zu schwimmen. Die beiden Verfolger schwimmen ihm hinterher. Es sind offensichtlich Bullen, und vom Seeufer legt ein Schnellboot der Polizei ab und versperrt dem Kind den Weg. Es taucht unter; es taucht ein wenig weiter entfernt wieder auf, aber diesmal ist es vollständig umzingelt. Da taucht ein weiteres Individuum auf: ein bärtiger Mann, der vielleicht mit einer Pistole bewaffnet ist. Er droht den Polizisten, wenn sie das Kind nicht laufen lassen, nicht sie zu erschießen, sondern sich selbst. Was sie dann tun.

Ich geselle mich zu P. ans Ufer. Wir kommen, wie auf eine skandalöse und bezeichnende Begebenheit, empört auf das zurück, was wir gerade gesehen haben.

N° 46

Januar 1971

Konzentrationslager im Schnee oder *Wintersport im Lager*

Es ist nur ein Bild geblieben: Jemand hätte Schuhe aus ganz hartem Schnee oder aus Eis, die unweigerlich die Vorstellung eines Eishockey-Pucks heraufbeschwören.

N° 47
Februar 1971

Das chinesische Restaurant

Ich bin mit Henri G. in einem chinesischen Restaurant, in einem sehr teuren.

Es war die Rede von einer beiläufigen Begebenheit: wahrscheinlich einer Schlägerei unter Jugendlichen.

Jetzt sieht man sie, diese Jugendlichen, im Fernsehen. Sie sind auf einen Sockel geklettert; sie tragen Militäruniformen und vollführen mehrere synchrone Bewegungen.

N° 48

Februar 1971

Der batteriebetriebene Wecker

1

Ich mit einer ziemlich berühmten italienischen Schauspielerin in einer Bar. Obwohl sie über fünfzig Jahre alt ist, ist sie eine bemerkenswert schöne Frau, die nur unmerklich zugenommen hat. Sie lässt sich, ohne sie zu verwerfen, sondern, im Gegenteil, mit Genugtuung auf die Vorstellung ein, meine Maîtresse zu werden. Aber es schlägt 6 Uhr, sie steht abrupt auf und geht fort.

2

P. hat mir einen batteriebetriebenen Wecker geschenkt; er ist kugelförmig und durchsichtig; er ist mit mehreren kleinen Saugnäpfen und zwei länglichen Elementen versehen, die jeweils an den Seiten fixiert werden und von denen man nicht weiß, wozu sie dienen. Aber Abdelkader Z. spielt mit den verschiedenen Teilen, verlegt sie. Der Wecker ist nicht mehr zu gebrauchen. Ich bin sehr wütend.

3

Großer Eisenbahnstreik. Die Züge werden von roten Fahnen auf den Gleisen blockiert. Ich gehe mit einem Koffer in der Hand an den Schienen entlang. Ich betrete eine Stadt, vielleicht Grenoble. Ich überquere eine Kreuzung, an der sich lauter Bullen (alle in Zivil und mit geradezu zuvorkommendem Gesichtsausdruck) versammelt haben. Zuvor hatte ich eine der zahllosen roten Fahnen, die in den Boden gerammt waren, herausgerissen und mir damit die Hand umwickelt, mit der ich den Koffer trug (ich empfand dies als eine Geste der Solidarität gegenüber den Streikenden).

Ich gehe an Palisaden entlang. Ich gelange in eine Kirche. Tatsächlich gibt es dort keine Mauern, sondern nur ein Dach, das auf Pfeilern ruht, und der Boden ist ein Pflaster, wie auf der Straße.

Ich suche nach dem Priester, der nicht da ist, aber plötzlich sehe ich ihn, er hält sich oben auf seiner Kanzel versteckt. Er kommt auf mich zu und sagt mir:

- Ich will Vater werden

- Aber das können Sie nicht, Sie sind doch Pfarrer

Er antwortet, dass das nichts zur Sache tue.

Zwei Fischweiber (vom Typus dicke Marseillerin) schauen uns zu.

4

Es ist die gleiche Szene, aber eine andere Kulisse.

Ich bin bei Freunden (vielleicht bei H.). Ich bin fassungslos, denn ich muss zur Armee zurück. Ich habe meine Zeit noch nicht hinter mir. Ich rechne nach, dass ich auf den 15. Februar entlassen werden muss. Sie könnten durchaus eine Geste machen, es lohnt sich doch nicht, mich für so kurze Zeit zurückzuholen, umso mehr, als ich schon am nächsten Tag springen muss (mit dem Fallschirm) und all die Geschichten mit der ärztlichen Untersuchung sehr viel Zeit in Anspruch zu nehmen drohen.

Meine Kameraden erklären mir, dass sie ihrerseits die Stadt verlassen und nach Paris zurückkehren werden, und dass ich sie nicht wiedersehen werde.

Vielleicht taucht hier der Batteriewecker aufs Neue auf.

N° 49

Februar 1971

M/W

In einem Buch, das ich gerade übersetze, stoße ich auf zwei Sätze; der erste endet mit »wrecking their neck«, der zweite mit »making their naked«, ein Argot-Ausdruck, der soviel bedeutet wie »sich nackt ausziehen«.

N° 50

Februar 1971

Der ungebetene Gast

Jemandem ist es gelungen, durch die dünne Wand in der Dusche bei mir einzudringen. Er klopft und ruft nach mir. Die Stimme hat im Übrigen nichts Feindseliges. Es ist, vermute ich, eine Frau; ich fühle, dass sie an meinem Bett steht, sie flüstert mir etwas ins Ohr; ich bin absolut sicher, dass ich nicht träume; ich fahre etwas kopflos aus dem Schlaf hoch und höre mich sagen:

– Was ist los?

(ein paar Augenblicke später klingelt es an der Tür. Es ist C., die zum Frühstück zu mir kommt und Croissants mitgebracht hat)

N° 51

Februar 1971

Der große Hof

Ein Hof, ein weiter, von Häusern umgebener Raum. Ich begegne Henri C., der mir sagt, dass er auch nach Grenoble hinunter fährt und dass er mich mitnehmen kann.

Wir essen alle gemeinsam zu Abend. Ich gehe von Tisch zu Tisch. Es gibt nur Käse, und fast jedes Mal stellt sich heraus, dass dieser Käse, so korrekt er auch aussieht, von Würmern nur so wimmelt. Ich mache P. gegenüber eine Bemerkung dazu, und sie sagt mir, dass sie das schon wusste, da sie einmal davon mit nach Hause genommen habe. Aber sie bereitet mir dennoch ein Käsebrot zu, wobei sie überprüft (indem sie es nach allen Seiten öffnet), ob das Stück auch nicht wurmstichig ist.

Ich stehe mehrere Male auf, um aufzubrechen. Ich küsse alle zum Abschied (mehrere Mädels auf den Mund). Z. ist da, sie hält sich ein wenig abseits, lächelt aber. Mit Ausnahme einer weinenden jungen Frau, die sich weigert, von mir geküsst zu werden (sich aber später damit abfindet), sind alle entspannt (obwohl ich aufbreche?). Die Runde mit den Abschiedsküssen beginnt mehrere Male von vorne. Henri C. und seine Frau müssen in Paris das Flugzeug nach Grenoble nehmen, und ich den Zug. Er wiederholt seinen Vorschlag, mich im Auto mitzunehmen. Ich nehme an und bitte ihn darum, sofort aufzubrechen, da ich gerne eine Viertelstunde vor der Abfahrt schon im Zug sitze. Henri C. antwortet mir, dass wir immerhin noch Zeit genug haben, einen Kaffee zu trinken (er schmeckt abscheulich, aber er ist heiß). Der Kaffee wird in einem der Gebäude am Hof serviert, dem einzig erhellten. Drei Stufen führen zu ihm hoch. Ein verrauchter Saal, arme Leute beim Essen, im Hintergrund ein Tresen. Auf einem großen Tablett bringt man uns den Kaffee nach draußen (wir hocken auf dem Boden). Es stehen nur drei große Schalen darauf – eine schwarze, zwei ganz weiße – und eine Tasse. Ich trinke einen Schluck schwarzen Kaffee (der nicht für mich gedacht war, aber mir ist nichts zugedacht).

Henri C. ist sehr elegant, sehr jung; er trägt einen schwarzen Schlapphut, der, wie ich ihm sage, sehr hübsch ist.

N° 52

Februar 1971

Am Meer

Es war eine Erzählung reich an plötzlichen Wendungen. Das Ganze geschah in der Nähe von Nizza, gleich am Meer. Vielleicht in Menton. Es ging um Alain Delon oder einen Freund von Alain Delon. Ich habe in einem Restaurant zu Abend gegessen, dessen Wirt meinen Onkel kennt. Später wollte ich dorthin zurückkehren; ich habe angerufen, es aber schließlich fallen lassen. Mein Onkel hatte mir das, ziemlich barsch, wie ich mich erinnere, vorgeworfen, ich weiß nicht warum, vielleicht weil ich ihm nie davon erzählt habe.

Ich bin in einem phantastischen, ultramodernen, ganz science-fiction-artigen Gefährt nach Paris zurückfahren. Ich erinnere mich an die Panoramafenster. Schwindelerregende Geschwindigkeit.

N° 53
Februar 1971

Renshaw

Austausch
Pfeiler zu viert

geläufiges Wort, das ich vergesse

Ren-Shaw
(Shaw-Ren)
Inhibition

(ich habe diese Wörter in der Nacht hingekritzelt; ich finde sie beim Aufwachen wieder vor; keines ruft eine besondere Erinnerung ins Gedächtnis)

(die rückläufige Inhibition der Renshaw-Zellen ist, grosso modo, ein zirkuläres System, das die Muskelkontraktion steuert)

N° 54
Februar 1971

Die Diplomarbeit

Es spielt vielleicht bei Jean Duvignaud oder eher noch bei Paul Virilio.

Ich bemerke auf dem Tisch ein hektographiertes Werk und schlage es auf. Es ist eine – wahrscheinlich den Theaterkulissen gewidmete – Diplomarbeit, die A. geschrieben hat, als sie in Südamerika war. Ich hatte noch nichts davon gehört, aber ich bin so erstaunt wie froh, dass sie während dieses langen Aufenthalts etwas zustande gebracht hat.

Eine kleine Besonderheit: Das Titelblatt hat (hier ein Name, dem einige Berühmtheit anhaftet) unter Verwendung einer (sagen wir) IBM 307 gesetzt.

Ich erinnere mich – in diesem Zusammenhang – daran, dass Pierre G. mir eines Tages vom automatischen Satzverfahren erzählt hat.

Vielleicht spielt das Ganze während eines Cocktail-Empfangs, bei dem solche Dinge ein willkommener Gesprächsgegenstand sind.

N° 55

März 1971

Der Gleichgewichtspunkt

Ich stehe mit P. und Henri G. auf der Straße. Es fahren Autobusse.

Wir sprechen über den Gleichgewichtspunkt beim Elefanten.

Henri G. erinnert mich daran, dass sich dieser Punkt ein kleines Stück vor (oder ein kleines Stück hinter?) dem Körper befindet: es bedarf keinerlei Aufwand, um aufrecht stehen zu bleiben, höchstens einer winzigen Anstrengung.

Diese Erklärung gilt natürlich für hohe Absätze.

N° 56

März 1971

Sperma und Theater

(in einem bestimmten Augenblick im Laufe des Vormittags erinnere ich mich daran, etwas geträumt zu haben, aber aus diesem Traum tauchen nur zwei Wörter an die Oberfläche: Sperma, Theater...).

N° 57

März 1971

Die Rückkehr

Seit ich sie verlassen habe, lebt Z. mit zwei Männern zusammen, die sie nicht liebt, die aber steinreich sind; der eine ist Ingenieur, der andere eine Art Maharadscha, der für sie ein phantastisches Haus hat erbauen lassen.

Ich wohne dem Hausbau bei.

Ich komme zu Füßen einer hohen weißen Mauer an; diese ist in einiger Höhe über meinem Kopf mit einer breiten Öffnung (ein zukünftiges Fenster oder eine Fensterwand) versehen, an deren Rand sich zwei Fliesenleger, ein Mann und eine Frau, aufhalten. Ich glaube sie zu kennen; sie jedenfalls kennen mich, denn die Frau fragt mich, ob die dritte Auflage von »Die Dinge« erschienen sei, dann dankt sie mir dafür, das Buch geschrieben zu haben, und meint anschließend, wo wir gerade einmal dabei seien, dass es auch eine Übersetzung für Stotterer geben sollte. Diese Vorstellung amüsiert mich sehr.

Unterdessen ist es mir, nicht ohne tierische Qualen, gelungen, bis zur Höhe der Öffnung empor zu kraxeln, wobei ich mich (in Abwesenheit einer Leiter) eines nicht gerade dicken, aber sehr soliden Holzrahmens bedient und mich unter Schmerzen an die Kante des Raumes hochgehievt habe, in dem die Fliesenleger arbeiten. Obwohl man nicht über frisch gelegte Fliesen laufen soll (man bewegt sich über Brücken aus Holzbohlen und Klinkersteinen), gestatten mir die Fliesenleger, das Haus zu betreten. Die Fliesen, von denen ich zunächst dachte, dass es die gleichen seien wie in dem kleinen Haus in Filagne, das heißt viereckige Fliesen, sind sechs- oder achteckig; und sie sind von unterschiedlicher Größe, von winzig klein bis riesig, und die ganze Kunst der Fliesenleger besteht nun in der Lösung der vertrackten (und unlösbaren) topologischen Probleme, die eine solche Disparität hervorruft.

Ich gehe weiter, wobei ich mir lachend die ersten Sätze der »Dinge« in »Gestotter« rezitiere und unmerklich (aber ich spüre es sehr deutlich) den noch frischen Zement eindrücke. Einige Fliesen liegen höher als andere; ich glaube zunächst, dass diese zum Überqueren dienen oder dass sie fehlerhaft sind, dann begreife ich, dass es sich um dekorative Elemente handelt – eine Art schwimmender Inseln – wie die Felsen, die in japanischen Gärten aus dem Sand herausragen.

Die Erinnerungen an mein Leben beim Maharadscha beginnen zu verblassen: Ich war der Mann des Vertrauens, der persönliche Kammerdiener des Maharadschas. Ich trug seine Aktentasche und ich verbrachte meine Zeit damit, sie in Ordnung zu halten, auch wenn sie nichts, was von Bedeutung gewesen wäre, enthielt. Wir mussten zu einer Dienstreise aufbrechen; die Abfahrt war zu einer bestimmten Stunde vorgesehen; aber der Maharadscha ließ unendlich lange auf sich warten. Der Maharadscha ist ein kapriziöser Mann: er ist niemals fertig, er hat keine Lust mehr, wegzufahren usw. … Ich verbringe meine Zeit damit, zwischen meinem Zimmer und den Räumen des Maharadschas hin und her zu gehen und einem Vertrauten in fast schon Racine'schen Wendungen seine Launen zu erklären. Einmal bin ich zu ihm gegangen und habe ihn angefleht, doch aufzubrechen, nicht meinetwegen, aber den Soldaten seiner Eskorte zuliebe, Rittern in Kettenhemden, von denen einer an allen Gliedern zitternd gleich hinter mir stand. Voller Wut hat mir der Maharadscha den Inhalt seines Wodka-Glases ins Gesicht gekippt (oder, genauer gesagt, er hat meinen Kopf damit besprenkelt wie bei einer Taufe), dann hat er das Glas unter Flüchen zerschmettert. Dies hat mich nicht allzu sehr verängstigt; was mich aber besonders aufgeregt hat, ist, dass den ganzen immens langen Korridor entlang, der zu meinem Zimmer führt, der Soldat, dem ich ja immerhin hatte helfen wollen, und seine Frau (die niemand anders war als P.) nicht aufgehört haben, sich über mich lustig zu machen.

Ein anderes Mal hingegen hat mir der Maharadscha einen Orden verliehen. Eine rechteckige Silberplatte, etwas größer als ein 10-Francs-Schein und auf komplexe Weise onduliert: man stelle sie sich in – sagen wir – zwölf Karos aufgeteilt vor, wobei jedes abwechselnd eine Mulde oder eine Wölbung wäre; jede Mulde und jede Wölbung sind ihrerseits in zwölf Mulden und Wölbungen unterteilt und so weiter…

Das Zögern des Maharadschas hatte letztlich keinerlei Bedeutung. Ich hatte geglaubt, es sei sechs Uhr und die Abfahrt unwiderruflich abgeblasen, aber auf der großen Wanduhr in meinem Zimmer war es erst dreizehn Uhr. Und etwas später gar, als ich in der Métro-Station Schlange stand, war es erst elf Uhr morgens.

Wenn man in der Métro Schlange stand, dann um entweder kein Ticket zu erstehen oder aber um ein Ticket zu kaufen, mit dem man aus der Métro wieder hinaus durfte. Das hielt alle Welt übrigens für grotesk. Man sah tief unten und ganz von weitem die Züge. Links, am unteren Ende einer Eisentreppe befanden sich drei Türen; auf der ersten stand nichts, auf der zweiten so etwas wie EINGANG FÜR CHORISTEN; auf der dritten KÜCHEN. Mein Vertrauter sagte mir, oder eher: er hat mich daran erinnert (ich hatte es kurze Zeit zuvor erfahren), dass die R.A.T.P. Essen ausgibt zu moderaten Preisen oder gar umsonst, wenn man kein Geld hat, in letzterem Falle aber nur ein Gericht serviert, das billiger ist als kalter Braten, und ich habe daraus geschlossen, dass man dort nur kalt essen könne.

Ich komme jetzt auf Z.s Haus zurück.

– Komisch, sage ich mir, für gewöhnlich legt sie ihre Böden ganz gleichförmig aus, entweder mit Platten oder mit Teppichboden; hier hat sie, wahrscheinlich unter dem Einfluss des Maharadschas und seiner Architekten eine ganz andere Entscheidung getroffen; es stimmt schon, dass sie enorme Mittel zur Verfügung hatte, daher diese Fliesen in verschiedenen Größen, diese dicken Felsbrocken, die zwischen den

Bodenplatten hervorragen, dieses wunderschöne Parkett aus honiggelbem Holz mit dem komplizierten Muster…

Ihr Schlafzimmer ist ein veritables Meer aus blauem Teppichboden. Alle Zimmer, die sie normalerweise bewohnte, sind getreu nachgebaut worden. Ich bin sicher, mein ehemaliges Zimmer wiederzufinden (bin ich nicht hergekommen, um ein Buch – »Ein Mann der schläft« – aus meinem Bücherschrank zu holen?).

Am Ende eines Korridors öffne ich eine Tür und entdecke zwei sehr große Männer in Straßenanzügen; sie scheinen verlegen – und fast schon erschrocken – mich zu sehen und nehmen über die andere Seite Reißaus.

Eine weitere Tür. Ich bin in einer Art Dressing. Z. taucht auf, ihr Rücken; sie ist nackt; sie greift im Vorbeigehen nach einem roten Morgenmantel und verschwindet durch eine Seitentür.

//

Ich sage Z., dass ich gekommen bin, um ein Buch zu holen. Wo befindet sich mein alter Bücherschrank? Sie antwortet mir, dass er bei ihrem Sohn stehe. Ich suche den Sohn auf; er sitzt an seinem Arbeitstisch.

– Alles klar?

– Alles klar!

Meinen Bücherschrank sehe ich nicht, ich denke schon nicht mehr daran.

Den beiden Männern vorausgehend wollen wir, Z. und ich, das Haus verlassen. Wir durchqueren den Patio. Es ist ein sehr langer Raum (es ist der Raum, dessen Bau ich beigewohnt habe), an dessen Seiten sich stufenförmige Sitzreihen entlangziehen und wo man auf winzig engen Pfaden aus Stein über schmale Kanäle voller Wasser spaziert. Viele Blumen. Tische mit lauter Leuten. Festliche Stimmung. Hallihallo. Ich höre Dinge wie:

– Ihr Fest war, ist sehr gelungen,

dann, etwas deutlicher:

– Champagner und Perrier.

Z. sagt ein paar Worte auf Englisch.

Wir gehen die Rue Soufflot hinunter. Wir gehen, Z. und ich, den beiden Männern ziemlich weit voraus. Z. hört nicht auf zu lachen:

– Ich war so sicher, dass Du kommen würdest, ich brauchte noch nicht einmal zu warten. Siehst Du, noch heute Morgen nichts, das Telefon hat nicht einmal geklingelt, und da bist Du!

Sie wirkt vollkommen sicher, ironisch und bösartig. Ich stelle fest, dass ich keine Zigaretten bei mir habe. Ich erblicke auf der rechten Seite einen kleinen Tabakladen. Ich laufe hinüber (ich glaube, ich überquere die Straße). Es ist ein winziges Geschäft, wo vor allem Kurzwaren verkauft werden. Der Ladentisch ist teilweise vergittert. Vor dem Tisch drängeln sich kleine Mädchen, die alle auf die gleiche Weise in Rot gekleidet sind, zweifellos handelt es sich um Schulkinder, um Internatsschülerinnen. Auf der andere Seite des Tischs stehen zwei junge Frauen, die genauso gekleidet sind und noch ein paar weitere Schulmädchen.

Ich verliere die Geduld.

– Ich hätte gerne ein Päckchen Gitanes Filter und eine Schachtel Streichhölzer.

– Wir haben keine Gitanes Filter.

Ich will schon nach anderen Zigaretten fragen, als ich rechts in einem Regal einen ganzen Haufen von unterschiedlichen und unsortierten Zigarettenpackungen entdecke, unter denen ich auch einige Gitanes Filter ausmache. Ich zeige auf sie. Man gibt sie mir. Ich zahle und gehe.

Ich halte Ausschau nach Z., aber sie ist verschwunden, genauso wie die beiden Männer. Ein kurzer Augenblick der Verzweiflung, dann das fast schon beruhigende Gefühl der Unwiederbringlichkeit. Mein Irrtum, sie wiederzusehen, war also kein so großer Fehler, denn da ist sie nun aufs Neue verschwunden. Ich zerreiße wie üblich die schützende

Zellophanhülle, in der mein Päckchen Zigaretten steckt. Wutentbrannt stelle ich in diesem Moment fest, dass man mir keine Zigaretten, sondern ein Päckchen Streichhölzer verkauft hat.

Ich gehe auf dem linken Trottoir den Boulevard Saint-Michel hinunter. Es ist Freitag. Obwohl es erst 16 Uhr ist, ist es bereits dunkel oder doch fast. Ich beschließe, M. anzurufen, obwohl ich davon überzeugt bin, dass dies nichts nützen wird. Ich betrete ein Café-Tabac. Ich warte vor der Kasse. Der Kunde vor mir hatte eine Zeitung dabei, die den halben Schalter der Tabakverkäuferin verdeckte. Ich finde eine Fünf-Centimes-Münze, will sie einstecken, gebe sie dann dem Tabakverkäufer (ein alter Mann), der mich ob meiner Ehrlichkeit belobigt. Ich halte ihm einen 10-Francs-Schein hin und bitte um ein Päckchen Gitanes Filter und eine Schachtel Streichhölzer, das wären 2 Francs 10. Aber er vertut sich mehrmals, als er mir das Wechselgeld zurückgeben will.

Schließlich muss ich folgendermaßen vorgehen:

Ihn mit einem 10-Francs-Schein um ein Päckchen Zigaretten bitten, das macht 2 Francs. Er wird mir 8 zurückgeben;

Ihm dann eine 1-Franc-Münze hinhalten und um eine Schachtel Streichhölzer bitten, das macht 10 Centimes, und er gibt mir dann 90 Centimes zurück.

Aber es ist nicht einmal sicher, dass diese Operation gelingt.

N° 58
März 1971
(am Morgen nach der Nacht mit dem Traum N° 57)

Der Schnee

(… wahrscheinlich habe ich letztlich doch M. angerufen, und sie hat mir gesagt, dass ich sie abholen soll…)

Ich treffe sie fast schon unten vor ihrem Haus an. Sie lächelt. Wir gehen los und halten uns einander in den Armen. Sie trägt eine weiße Jacke mit vier Taschen und ich nur ein T-Shirt. Ich stelle fest, dass ich nur 20 oder 40 oder 60 Francs in der Tasche habe, wo wir doch vorhaben, im Balzar zu Abend zu essen; aber ich sage mir, dass das nicht weiter schlimm ist und ich sehr wohl mit dem Maître d'hôtel sprechen kann und erst am nächsten Tag bezahle; etwas später halte ich es für noch einfacher, in eine Bar zu gehen, wo ich nur monatlich zahle.

Während ich von diesem Abend nicht viel erwarte, da ich davon überzeugt bin, dass ich M. immer noch gleichgültig bin, merke ich nach und nach, dass M. in mich verliebt ist. Auf einmal küssen wir uns. Einen Moment lang bin ich vom Glück überwältigt, aber bald schon erwachen ein paar Ängste. Zum einen erscheint mir M. viel größer als sonst, und fast schon zu groß für mich; ich muss mich auf die Zehenspitzen stellen und nach oben gucken, um ihr Gesicht zu sehen! Sodann hat sie nicht mehr dieselbe Frisur, die eine Hälfte ihres Haars fällt auftupiert und in großen Wellen nach vorn. Ihre Augen sind nicht wirklich ihre Augen, aber es sind immer noch schöne Augen.

Wir gehen weiter. Sie hatte ihren linken Arm um meine Taille gelegt und streichelt mit ihren langen Fingern über meinen Bauchnabel und meinen Hosenschlitz. Sie presst sich an mich. Mein Glied wird steif bei der Berührung mit ihrem Bauch, meine Hände fahren über ihren glatten Rücken.

Wir gehen weiter unseres Weges. Sie sagt mir, dass sie ihre Kinder in Pension gegeben habe; sie hat versucht, sich umzubringen, aber sie sagt mir nicht wie. Sie wohnt jetzt im Hotel Degotex.

– Wenn Du mein Zimmer sähest!, sagt sie mir lachend.

Ich antworte ihr, dass sie zu mir ziehen und sich dort sehr wohl fühlen wird.

Eine ihrer Freundinnen gesellt sich zu uns. Wir erreichen das Viertel der Montagne Sainte-Geneviève. Wir steigen eine enge und kurvige Straße hinan. Bald schon weichen die Pflastersteine dichtem Gras, kurz gemähtem Rasen. Zwei *spezielle* Automobile fahren an uns vorbei. In einem sitzt eine Frau in Trauerkleidung, sie ist in einem Zustand tiefer Niedergeschlagenheit.

Bald wird das Ganze zu einem verschneiten, immer weniger begehbaren Weg. Ganze Massen von Leuten suchen erschöpft, die Hänge zu erklimmen. Wir kommen nur schwerlich voran. An der Stelle des dicken Zehs sehe ich ein Loch in meinem grauen Strumpf, dann ist der Strumpf nur noch ein wenig abgenutzt, schließlich steckt er in seinem Schuh (es sind »Churchs«). Es hatte mich auch schon gewundert, dass ich auf Strümpfen war.

Ganz hinten dann eine kleine Eiswand, die nur schwer zu erklettern ist. Man muss einen Pickel ins Eis hauen, ganz hoch über dem Kopf, sich dann an ihm hochziehen (einen schwierigen Klimmzug ausführen), sich auf dem Eispickel im Gleichgewicht halten, bevor man hoffen darf, mit den Fingerspitzen die Oberkante der Wand zu packen und sich dann erneut hochzuziehen.

Aber bevor man überhaupt dorthin gelangt, geht es über einen einigermaßen ${}^{st}_{h}$eilen ${}^{H}_{G}$ang. M. zieht los. Ich will ihr folgen, aber ich schaffe es nicht. Alles Wollen (und doch ist dies im Augenblick das einzige, was ich will) ist vergebens: Meine Muskeln sind wie Watte.

M.s Freundin bedeutet uns, wieder abzusteigen; etwas weiter entfernt beginnt eine geradlinige, von allem Schnee befreite Straße.

Wir sind irgendwo in der Gegend von Lans.

Sind wir über einen Pass gekommen?

Mir scheint, dass diese Straße und der Weg, über den wir gekommen sind, zum selben Tal gehören.

Diese etwas konfuse Lage scheint mir auf einer Tafel beschrieben zu sein, die ein Typ mit sich herumträgt und die etwas verkündet in der Art von:

Es gibt keine zwei Pässe
Sie kommen zusammen
Es gibt nur einen Pass
Es gibt keinen Pass
Es gibt nichts

N° 59
März 1971

Der Rächer

/ /

/ /

Nach einer langen Abwesenheit kehrt der Rächer nach Mexiko zurück. Ein Verräter schickt sich an, ihn von hinten zu erschießen, als eine hell behandschuhte Hand auftaucht und ihn daran hindert.

Große Kletterpartien zu Pferde, um Wasserstellen und geheime Quellen zu schützen.

In der Stadt kommt es zu Krawallen. Die Gitter am großen Platz werden niedergerissen. Die Plakate zerfetzt.

Im Ort herrscht ein lokaler Kleintyrann, ein Büttel des Yankee-Imperialismus'.

Zahlreiche Wechselfälle, die sich zu Gags à la »Lucky Luke« entwickeln.

/ /

N° 60

März 1971

Die Befreiung des Brotes

Ein Musical im »Brecht-Stil«.

1

Wir sind Matrosen. Wir schiffen uns ein, um in den Krieg zu ziehen. Auf den Gängen herrscht großes Durcheinander. Niemand weiß, in welche Kajüte genau er einziehen soll.

2

Wir sind auf dem Schiff.

Der Dampfer, von ganz oben gesehen: großartig. Man spürt, dass dieser Krieg etwas ganz Entsetzliches sein wird; wir fürchten, dass eine Bombe mitten in den Dampfer einschlagen könnte.

Der Dampfer ist voll länglicher Behältnisse (die ein wenig wie Särge aussehen), die in langen parallelen Reihen angeordnet sind, und manche Deckel schlagen auf und zu (dann ist der »Sarg« leer), während andere hartnäckig verschlossen bleiben. Das Ganze ähnelt einem Ballett von Busby Berkeley oder auch dieser Muschelbank, der Alphonse Allais beibrachte, wie man Kastagnetten spielt. Man begreift schnell, dass dies die Kabinen für die Mannschaft sind, und sodann, dass das Brot versiegelt lagert (vakuumverpackt in Nylonbeuteln).

3

GROSSE KAMPAGNE FÜR DIE BEFREIUNG DES BROTES.

Mit einem Kameraden (H.M.) führe ich ein Duett ganz im Stile von Astaire-Kelly auf. Wir singen:

Man darf das Brot nicht einsperren
Das Brot muss frei sein (ad. lib.)

Wir überreden verschiedene Berufsgruppen, die einen kurzen Augenblick lang in Großaufnahme (insert) im Film erscheinen, der in dieser Szene sehr bunt ist. So einen »wackeren Bäcker mit Schnauzbart«.

4

Großer Protestmarsch.
Mein Kamerad (oder bin ich es selbst) greift nach einem Mikrophon, dass vom Himmel fällt und brüllt:

»In wenigen Sekunden wird das Marine-Orchester unter Leitung von (er stammelt einen witzig langen Namen zusammen) Die Befreiung des Brotes aufführen.«

Musik. Die Musiker stehen sehr viel höher als wir. Wir stehen am Kai, und sie befinden sich auf dem Dampfer.

5

Ich sehe einen Kameraden wieder (oder aber es ist nochmals H.M.). Er zeigt mir seine neue Frau (er hatte früher eine riesige Frau, von der Sorte italienische Mamma): Sie ist eine grazile Frau in einem langen Mantel.

Ich bestehe darauf, zu ihnen zu gehen, aber er fängt an, seine Frau zu umarmen und zu liebkosen, und bald bin auch ich dabei, sie zu streicheln, und befinde mich schließlich nackt auf ihr und, obwohl sie zunächst die Beine übereinandergeschlagen hat, fest und tief in ihr.

N° 61

März 1971

Im Rougeot

Von einer Art Vorahnung getrieben – und was geschehen ist, hat mir ganz und gar Recht gegeben – hatte ich vorausgesehen, dass C.T. nicht bleiben würde und ein »Ersatz Rendez-vous« mit P. im Restaurant Rougeot am Montparnasse vereinbart.

Im Rougeot finde ich P. in Gesellschaft von F. vor. Ich bin darüber sehr verärgert.

P. sagt mir lediglich:

– Also Rougeot ist wirklich sehr gut.

N° 62

März 1971 (Saarbrücken)

Traum B.

Eine der Sängerinnen, die ich am nächsten Tag treffen werde, ist die Enkelin von Mademoiselle B.

Das wundert mich zunächst – Mademoiselle B. ist nicht verheiratet und hat keine Kinder –, bis mir wieder einfällt, dass ich einst in der Schweiz ein junges jugoslawisches Ehepaar kennen gelernt habe, wobei der Mann ebenfalls ein Enkel von B. war.

Ich bin geradezu verblüfft, dass mir diese Erinnerung vollkommen entfallen war.

N° 63

März 1971 (Saarbrücken)

Der städtische Western

(Rache. In jedem Lager zählt man seine Toten. Scharfschützengewehre. Im Zug. Durch den Zoll. Blumen in ihren Vasen. (Pseudo) linksradikale Blätter)

Am Ende muss ich den Zollbeamten zu seinem Vorgesetzten begleiten. Er sagt mir, dass ich im Speisewagen auf ihn warten soll. Dieser wirkt auf den ersten Blick leer, aber alle Tische sind besetzt. Die Barhocker sind frei, aber spielende Kinder haben genau davor ihre Bilderlottokarten ausgebreitet.

Ich schaue durchs Fenster. Ein sanfter Hügel. Von genau dieser Stelle aus hat uns im vergangenen Jahr der Rächer attackiert.

Der Zug setzt sich in Bewegung. Ich betrachte eine Landkarte. Wir haben soeben Buda verlassen, wir überqueren eine Brücke, eine langgestreckte Insel, noch eine Brücke, bevor wir in Pest wieder anhalten, wo ich, wie ich hoffe, die Lösung finden werde.

Nº 64
März 1971

Der Knochen

Wahrscheinlich ist es P., die, während sie mir über den kahlen Schädel streichelt – meine Haare sind nur eine Art Perücke oder Maskierung –, feststellt, dass mein »Stirnbein« (in Wahrheit ein Knochen, der das ganze Schädeldach ausmacht, wie der Deckel bei einer Suppenterrine, jedoch flacher, nur unmerklich gewölbt) beweglich ist.

Darüber bin ich zunächst erschrocken.

Gib Acht auf die Fontanellen, die vielleicht trotz der langen Zeit noch nicht zugewachsen sind!

Dann überprüfe ich es selber. Ich brauche, wenn ich mit den Daumennägeln über den Rand des Knochens fahre, kaum Druck auszuüben, damit der Knochen (wie das Gehäuse meines Weckers oder der Deckel auf dem Batteriefach meines Transistorradios) sich löst und über den Boden rollt.

Ich sehe meine Großhirnrinde.

Ich hebe meinen Knochen auf, versetze ihn wieder an seinen Platz. Ich werde langsam unruhig, sehr unruhig, immer unruhiger bei der Vorstellung, dass ich mir eine Infektion geholt habe.

Später wage ich es, den Kopf zu bewegen, ohne dass mein Knochen sich löst, was mich wieder beruhigt.

Ich bin froh zu erfahren, dass es nur ein Traum ist.

//

Ich bin in Dampierre in meinem früheren Zimmer. Überall sind Spinnweben.

Ich beginne meine Ausrüstung anzulegen, um wieder aufs Motorrad zu steigen. Ich lange nach meinen Schuhen. Sie sind voller Spinnweben und winziger Exkremente, die aussehen wie Getreidekörner oder Nissen. Auf der Sohle sitzt eine dicke Spinne, die ich schließlich zerquetsche.

N° 65

April 1971

Die Bretter

1

Dampierre. Ich gehe hoch auf die Toilette im ersten Stock. Ein kleiner Raum, von dem aus man sehen kann, ohne gesehen zu werden. Ich glaube C. zu sehen, aber es ist ein kleines Mädchen mit einem roten Rock.

2

Wir sind zu dritt. Wir stehlen mehrere Dinge, dann zwei Holzbretter aus einem leerstehenden Laden neben dem Prisunic bei Ledru-Rollin.

Niemand sieht uns, aber ich frage einen Handwerker nebenan, ob wir dürfen. Und das, obwohl er nichts gesagt hat! Natürlich antwortet er, dass wir über ein Brett nicht zu reden brauchen, aber dass er uns das andere nicht geben darf. Wir geben ihm beide zurück.

Ich gehe mit J.L. durch eine enge Gasse in der Nähe der Bastille – sie ähnelt ein wenig der Passage Choiseul.

Dort findet eine Demonstration des »Ordre Nouveau« statt, unter Beteiligung von Fallschirmjägern.

Am Ende der Gasse eine kleine Gittertür. Das Schloss befindet sich nicht in der Mitte des Gitters, sondern ganz oben.

Wir müssen in diese enge Gasse zurückkehren, um dort die Pakete zu holen, die J.L. und ich dort liegen gelassen haben.

Ich begegne meinem Chef; er stellt mir mehrere amerikanische Freunde vor, deren Namen mir doch wahrhaftig bekannt sind (sie tauchen mehrfach in meinem Zettelkasten auf).

Wir wohnen einem Base-Ball-Match bei.

Wir stellen fest, dass die Bullen sich massenhaft hinter den Spielern aufgestellt haben.

Wieder in der Gasse. Plötzlich habe ich Angst. Wahrscheinlich müsste man losrennen, aber da sind viele, entschieden zu viele, viel zu viele Pakete.

N° 66
April 1971

Das Dreieck

Während eines Essens zitieren wir gute Kreuzworträtsel-Definitionen, insbesondere einen Filmtitel.

J.L. nimmt mich beiseite und gibt mir einen Rat: ich solle aufhören, fürs Labor zu arbeiten: ich stehe mittags auf, gehe jeden Tag von 2 bis 4 ins Kino und erstelle anschließend meine Kreuzworträtsel.

– Aber, sage ich ihm, ich werde nicht von meinen Kreuzworträtseln leben können.

Er antwortet mir, aber ja, dass ich es schaffen werde, sie an den Mann zu bringen und alles; ich solle nur nicht drei Tage damit verbringen, sondern nur zwei Stunden.

Etwas später legt J.L. eine Scheibe auf den Plattenteller des Phonokoffers: Moderne Musik ist das kaum, höchstens moderne Musik, die ihre Klassiker nachäfft. Alle sagen, dass sie das sehr schön finden.

– Das sind, sagt J.L., die »Musikalischen Empfehlungen für das Orchester von Radio Luxemburg« von Lolita von Paraboom. Jemand macht ironische Bemerkungen darüber, dass es sich um ein »Auftragswerk« handelt; es stammt, so wird noch präzisiert, aus dem Jahre 1968 oder 1969.

Wir sind zu dritt in dem Raum. J.L. auf einer Treppe im Hintergrund, nahe beim Phonoschrank; ich stehe neben dem langen Holztisch, und ein(e) Unbekannte(r) befindet sich, von mir aus gesehen, auf gleicher Höhe wie J.L. Wir markieren alle drei ein rechtwinkliges Dreieck, wobei J/Ich die Längsseite bilden, J/die oder der Unbekannte die kürzere Seite, und die oder der Unbekannte/Ich die Hypotenuse…

N° 67

Mai 1971

Der entwendete Brief

Ich glaube aufzuwachen. Lauter Soubretten sind in meinem Zimmer. Aber ist das auch mein Zimmer?

Ich befinde mich in der Nähe eines Gewässers. Um es zu überqueren, benutze ich einen Steg, der zu einer Hängebrücke über der Seine wird. Ich erreiche die Mitte; dort wird das Datum 1953 sichtbar.

Jemand hat den Brief gestohlen, den ich in meiner Tasche stecken hatte.

Ich laufe mit einer schwarzen Frau um die Wette.

N° 68
Mai 1971

Wörter, die mit »I« beginnen

In meinem Zettelkasten sollen sich – wirklich? – drei Wörter finden, die mit dem Buchstaben »i« beginnen:

Impedanz
Inhibition
I?

War da zuvor nichts anderes? Im Theater? Drei Sketche?

N° 69

März 1971

Othon

Der Film von Jean-Marie Straub, *Othon*, nach einem Stück von Corneille, hat einen anderen Titel.

Vielleicht ist es das Stück von Corneille, das einen anderen Titel hat?

Tatsächlich ist da noch ein anderer Text, den ich – vergeblich – unter dem ersten zu entziffern suche.

N° 70

Mai 1971

Der Wechselverkehr

Ich bin damit einverstanden, eine Katze bei mir aufzunehmen.
Wer ist diese Katze? (komplizierter Stammbaum...)
Wo soll sie hinmachen?

Auf der Straße finden umfangreiche Bauarbeiten an der Fahrbahn statt; man richtet einen Wechselverkehr für die Autos ein.

Tatsächlich geht es nur um Kürzungen, die an einem Text vorgenommen werden müssen (»Ein Mann der schläft«?)

N° 71
Mai 1971

Der Autobus

… zunächst ist da das furchtbar komplizierte Studium der Karte in einem Restaurant; das Ganze endet schließlich in einem Auf und Ab über Treppen, möglicherweise auf der Jagd nach unnahbaren Oberkellnern. Was wir gerne wissen würden, ist vor allem die Zubereitungsdauer für dieses oder jenes Gericht.

Die Wartezeiten sind anscheinend so lang, dass wir Zeit genug haben für eine Partie Go, die wir an einem Ort ziemlich weit außerhalb der Stadt austragen.

Wir nehmen den Autobus.

Ich sitze in der Mitte des Busses auf der linken Seite. Jacques R., seine Frau und seine Tochter sitzen vorne rechts, in der Nähe der Tür.

Hinten (das kann ich also nur sehen, wenn ich mich umdrehe) befindet sich eine Art Stellage, die ich gleichzeitig für elegant, praktisch und trivial halte; mit trivial meine ich, dass man schon längst auf diese Idee hätte kommen müssen.

In einem bestimmten Augenblick hält der Bus an, und Jacques R. steigt aus. Mir scheint, dass wir ganz in der Nähe von Notre-Dame de Lorette sind, wo er wohnt. Seine Frau ist nicht mehr da. Aber irgendjemand macht eine Bemerkung von der Art:

– Warum steigt er aus, wo seine Frau doch hier ist?

Worauf jemand anderes antwortet:

– Aber nein, Du Schwachkopf, das ist seine Tochter.

Wie dem auch sei, der Bus fährt weiter. Er ist jetzt ein Personenwagen. Am Steuer Pierre L. oder Jean-Pierre P. Es stellt sich sofort heraus, dass sie sehr schlecht fahren; es fängt damit an, dass sie gegen eine Einbahnstraße fahren.

Ich sitze in einem anderen Auto, neben dem (nicht identifizierten) Chauffeur, und wir sind uns immer sicherer, dass sie einen Unfall haben werden.

Tatsächlich sehen wir etwas weiter, auf einer breiten und viel befahrenen Straße, einen spektakulären Zusammenstoß, von dem sich aber ziemlich schnell herausstellt, dass er mehr Lärm als Schaden verursacht hat.

Die beiden Fahrer der verunfallten Autos gehen in einem sehr langsamen Ballett aufeinander los. Pierre L. (oder Jean-Pierre P.) hält eine Kurbel in der Hand, und der andere Fahrer einen Backstein. Sie stürzen sich aufeinander, halten inne, Pierre L. geht zurück, dreht sich dann plötzlich um und tut so, als schlage er auf seinen Gegner ein.

Benzin fließt aus dem Auto.

Am Straßenrand breitet sich eine große Lache aus und wirkt bald wie ein Ufersaum, an dem die Wäscherinnen ihre Wäsche ausschlagen.

N° 72
Mai 1971

Karneval

Mit einer jungen Frau, die im selben Labor arbeitet, warte ich auf den Bus, um nach Hause zu fahren.

Der Bus kommt. Er ist leer, bis auf eine einzige Person im hinteren Teil, und diese ist Z. Ich steige ein und nachdem ich lange überlegt habe, bitte ich den Schaffner, mir nur ein einzelnes Ticket zu verkaufen, das ich mit einer 1-Franc-Münze bezahle.

Ich setze mich, Z. gegenüber, aber in einiger Entfernung von ihr, neben meine Kollegin. Es hat alles den Anschein, als ob sie mich nicht sähe, aber ich bin mir im Grunde sicher, dass sie mich gesehen hat.

Wir werden von Motorradfahrern überholt, dann geraten wir in ein unglaubliches Karnevalstreiben, das, wie mir scheint, Gymnasiasten organisiert haben. Da ist ein ganzes Aufgebot von Kulissenmalerei und Trompe-l'œil-Bildern zu sehen, von Überschminkungen usw., die aus einer Art flüssigem Kunststoff hergestellt worden sind; die Farben leuchten hell auf: mauve, bonbonrosa, rot. Das Ganze wird in Spraydosen verkauft, ist also sehr praktisch in der Handhabung.

Mehrere Karnevalsszenen. Das Simulakrum einer Schlacht; ein gewaltiges Geschoss plumpst kläglich aus einer Kanone; ein ganzer Teil der Straße hebt sich, als mache sich darunter ein riesiger Maulwurf zu schaffen.

Jetzt sieht es so aus, als würde sich das Ganze in der Nähe der Rue de l'Assomption abspielen.

Ein junger Bursche liegt in einem (falschen) Blutbad mit dem gespielt verzerrten Gesicht des Sterbenden; ich betrachte ihn im Vorbeigehen, ohne mir etwas anmerken zu lassen, und er scheint sehr enttäuscht darüber zu sein, dass mir sein Spiel nicht gefällt (oder dass ich mein Gefallen nicht kundtue).

Der Rückweg ist nun zu der kleinen Straße nach Dampierre geworden. Wir sind eine ganze Gruppe. Man erklärt uns, wie Plastikbomben funktionieren; besonders deren praktische Seite wird unterstrichen.

Zu Tisch in Dampierre. Ich sitze Z. gegenüber. Die Käseplatte ist lächerlich klein. Z. erklärt, wie schwer es ist, an guten Käse zu kommen. Ein Stück Brie wird aufgetragen, das zerteilt werden muss, von dem man, genauer gesagt, die Kruste entfernen muss. Ich will mich mit einem langen Messer daran versuchen, das neben mir liegt, aber jemand zu meiner Linken (vielleicht S.B.) nimmt mir die Platte weg und reicht sie Z. Ich knurre, indem ich so etwas sage wie:

– Ich bin hier zu nichts nutze.

Ich stelle fest, dass ich mir einen winzigen Schnitt am Zeigefinger beigebracht habe; er scheint von Ruß überzogen, und ich muss feste drücken, bis ein Tropfen Blut hervorperlt.

N° 73
Mai 1971

P. singt

P. singt.
Sie singt bemerkenswert gut. Es ist ein Chanson im realistischen Stil, aber sehr anrührend.

Wir gehen beide die Rue des Boulangers hinunter. Sie geht zu ihrer Arbeit, und ich will meine Tante in der Rue de l'Assomption besuchen. Ich schlage ihr vor, einen Teil des Weges zu Fuß zu gehen (es ist schönes Wetter).

Ich frage sie, wie sie es angestellt habe, dass sie am Ende des Lieds von Chören begleitet wird. Sie sagt mir, dass das bei der Aufnahme geschehen sei und nennt mir den Namen des zugrunde liegenden Systems – etwas in der Art von »video-tape«.

Sie sang auf der Straße, und die Leute wendeten sich ihr sogar zu, um ihr zuzuhören, aber sie sang, wie auf einer Schallplatte, in Begleitung.

Ich freue mich für sie darüber, dass sie singt. Wir erstellen ihr Repertoire und basteln an ihrer Karriere. Sie wird in der Galerie 55 anfangen, dann geht's in die Écluse usw. Ich bin sicher, dass ich ihr helfen kann, dass ihr Talent alle Welt überzeugen wird. Im Traum sehe ich sie schon als Star.

Wir haben uns ein wenig verlaufen in einem Außenbezirk.
Wir gehen eine Treppe hinunter; ich bemerke, dass sie nackt ist unter ihrem weißen Leinenblouson und dass sie sehr hübsche Brüste hat.

Die Treppe ist aus gedrechseltem Holz, ganz Rokoko. Ich rutsche das Geländer hinunter und denke »in petto«, dass man schon kindisch sein muss, um solche Sachen in meinem Alter zu tun; aber ich bin auch sehr glücklich damit.

Ich komme unten an; als ich versuche, vom Geländer abzusteigen, stelle ich fest, dass mein Kopf zwischen den Streben des Geländers ein wenig feststeckt, und mir gegenüber erkenne ich, durch das matt geschliffene Glas der Loge, die Silhouette des Concierge, der sich erhebt.

Mir gelingt es noch rechtzeitig, mich zu befreien. Ich gehe hinaus, aber ich spüre hinter mir die Anwesenheit des Concierge, der mir noch lange, nachdem ich das Gebäude verlassen habe, nachfolgt.

Ich biege nach links ab. In der Ferne sehe ich P. Auf der Straße finden sich zwei Hinweisschilder; auf dem einen, dem näheren, das nach links zeigt, steht »Ollé« (oder »Olla«); auf dem anderen, etwas weiter weg und nach rechts zeigend, steht »OPÉRA«. Das ist die Richtung, in die wir gehen. P. wartet nicht weit entfernt von einem kleinen Mädchen auf mich, das mit seiner Schultasche in der Hand auf einem Gartenstuhl sitzt. Ich bewege mich auf P. zu, zunächst laufend, dann immer schneller rennend, während ich mir sage: »Ich vermittle ihr gewiss den Eindruck von einer gleichmäßig ansteigenden Geschwindigkeit«; aber ich verspüre dennoch Stockungen in meiner Beschleunigung. Als ich ankomme, tue ich so, als wollte ich P. ein Comic-Album entreißen, das sie unter den Arm geklemmt hat. Sie sagt mir, dass andere das auch oft tun, aber dass ich dafür weniger schnell ankommen muss, und rät mir, noch einmal von vorne zu beginnen. Ich weiche zurück, um es noch einmal zu probieren, und stelle in diesem Moment fest, dass der Mund des kleinen Mädchens, das neben P. sitzt, blutverschmiert ist (oder aber es ist Erdbeermarmelade). Ich komme langsam laufend auf P. zu, aber das Album, das ich mir schnappe und das einen harten Einband hatte (wie Asterix oder Lucky Luke) ist zu einer simplen Zeitung geworden…

(unterbrochen durch »FIP 514, es ist 10 Uhr 30!«)

N° 74

Juni 1971

Auf der Suche nach Kalifornien

Ich bin mit P. und jemand anderem in Kalifornien. Wir suchen sehr lange – wonach? –. Vergebens.

Man muss eine Gebühr entrichten, ganz gleich welches Transportmittel man benutzt, um sich in San Francisco 1B ett zu machen
aus w

Soll ich das Flugzeug nehmen? Den Zug? Das Auto?

Um San Francisco herum nichts als Wüste. Achtung bei Waldbränden. Lange Zeit sind die Menschen übers Meer gekommen (Chinesen).

Auf dem Gipfel eines Hügels bei der Ortsausfahrt steht eine Art Litfaß-Säule mit einem Schalter und einem Stromkabel, das mit diesem nur sehr oberflächlich verspleißt ist. Eine Befürchtung: Es reicht schon ein ganz kleiner Unfall, und die ganze Vegetation steht in Brand.

Ich nehme den Zug. Nach der sehr langen Fahrt quer durch die Wüste dürfte ich in Lyon angekommen sein – oder anderswo (Bordeaux?, Marseille?, Paris? Jedenfalls nicht weit entfernt von Lyon).

Ich bin allein in einem Liegewagenabteil. Während ich glaube, dass wir gerade erst abgefahren sind, kommt der Zug schon in Lyon an.

Ich rufe nach P., die sich in einem benachbarten Abteil befindet. Sie kommt zu mir, indem sie den Weg über das äußere Trittbrett des Wagons nimmt. Wir sind zu viert in meinem Abteil: P., ich und zwei ihrer Freundinnen. Die drei Frauen ziehen sich mit den gleichen Bewegungen aus, indem sie die Bluse über den Kopf ziehen, und schlüpfen unter dieselbe Decke auf der Liege. Sie haben ihre Slips anbehalten.

Ich meinerseits bin vollkommen nackt, ich knülle meine Unterhose und meine Socken zu einer Kugel zusammen und werfe sie unters Bett.

Ich beschlafe die drei Frauen nacheinander.

Da stelle ich fest, dass ich mich auf einer Art breiter Empore befinde und der ganze Wagon uns sehen kann. Nicht weit von uns sitzen vier Männer an einem Tisch; sie sehen ein wenig wie Gangster aus.

Der Zug fährt langsam durch die Stadt Coursons. Ich wundere mich darüber. Wenn wir durch Lyon gekommen sind, kann dies nicht Coursons sein, und doch ist es Coursons: P. erkennt die Stadt sehr genau wieder, ich sehr viel weniger, da ich nur einmal dort gewesen bin. Dann geht uns ein Licht auf: Es handelt sich um Coursons im Département Nièvre (und ich setze hinzu: »Das kennst Du nicht…«) und nicht um Coursons im Département Yonne.

Auf einer abschüssigen Straße kann man ein Hinweisschild sehen: Paris (oder Marseille) 4 (das sind die Zehner); etwas weiter, sind alle Zweifel beseitigt (stand da 40… oder 49): es war 41.

N° 75
Juni 1971

Die Anstreicher

Eine riesig große, leere Wohnung, wahrscheinlich die von Denis B. Gisèle hatte gleich gegenüber eine noch größere Wohnung (war es nicht auch so in der Rue de l'Assomption?).

Ich schlafe gleich auf dem Boden, auf einer Matratze ohne Bettrost. Im Nebenzimmer tippt J.L. – oder R.K. – auf meiner Schreibmaschine.

Haben wir uns gestritten? Ich stelle mich schlafend. Sie kommen und gehen nicht weit von mir und schließlich verlassen sie das Haus.

Vielleicht taucht S.B. ein wenig später auf und schlüpft gleich neben mir unter die Bettdecke?

Sehr rasch stürmen Massen in die Wohnung.

Insbesondere vier Anstreicher, die sich, obwohl die Wohnung sehr sauber aussieht (hell glänzende, lackierte Wände), daran machen, sie neu zu streichen.

Sie haben vor, »daraus etwas zu machen«.

N° 76
Juli 1971

Die Renovierung

Ich betrete den Innenhof eines Gebäudes, das gerade renoviert wird (wie zur Zeit auch das meine renoviert wird).

Alles ist ganz weiß und sehr staubig.

Es gab dort einen Außenaufzug, den man versetzt und vergrößert hat.

Es gab einen steinernen Brunnen, den man auf der anderen Seite aufgestellt hat. Die Rohre sind noch an Ort und Stelle, aber die Steine des Sockels und des Beckens hat man schon versetzt.

Eine ganze Partie der Mauer liegt in Schutt und Asche: ein neu installierter Metallträger stößt durch sie hindurch (wie in dem alten »Taride«-Gebäude bei Mabillon).

N° 77
Juli 1971

Der Vertreter

Ich habe meine Frau getötet und sie sehr grob in Stücke zerlegt, die ich in hastig verschnürtes Papier eingeschlagen habe. Das Ganze passt in einen noch ziemlich leicht zu handhabenden Karton.

Meine einzige Chance ist, sie zu Wein oder Alkohol verarbeiten zu lassen. Ich gehe zur Brennerei. Ich betrete ohne anzuklopfen einen Raum, in dem sich drei junge Frauen in Arbeitskitteln befinden. Zwei sitzen, die dritte steht neben einer halbhohen Schwingtür (ähnlich wie in einem Saloon).

Entweder zwinkere ich ihnen zu, ganz so, also ob wir uns schon kennen würden, oder aber ich sage wie beiläufig etwas in der Art von:

– Ich hab' fuffzich Kilo prima Fleisch!

Die junge Frau neben der Tür führt mich in ein kleines Hinterzimmer, wo sie anfängt, meine Ware zu überprüfen. Mein Paket ist mit allen wünschenswerten Etiketten versehen, aber die junge Frau behauptet, dass das Haus, das ich vertrete, nicht zu den Kunden ihrer Firma gehöre und ich also Probleme damit haben werde, den Auftrag zu bekommen.

Ich nehme eine ganze Reihe von kleinen Probefläschchen aus meinem Paket. Das sollte eigentlich nur eine Formalität sein, aber zu meiner großen Verwirrung tauchen immer mehr Flaschen auf: Rotweine, Weißweine, Roséweine, alle Sorten Schnaps und selbst eine winzige, aber volle und vor allem unverkorkte Karaffe Wasser: Man kann mit dem Finger tief in den Flaschenhals fahren, ohne dass die Karaffe überläuft, was mir wie die unwiderlegbare experimentelle Demonstration des Prinzips der Osmose oder der Kapillarität erscheint.

Die ganze Vorstellung erweist sich als unnütz: Ein Mann kommt aus dem Büro nebenan und sagt mir, dass es sehr schlecht für mich aussehe, falls man meinen Namen nicht in der Kartei habe.

N° 78
Juli 1971

Die Reise

Früher habe ich gelernt, aus einer gewissen Höhe zu springen (zum Beispiel von einem Balken hinunter). Diesmal glaube ich, mich sehr viel höher zu befinden, fast schon auf der ersten Etage des Eiffel-Turms. Ich kann unter mir ganz deutlich das Gras und die Sandstreifen in einem Garten erkennen, und ich bin fest davon überzeugt, dass ich einen Sprung nicht überleben würde. Aber schließlich erfahre ich, dass ich nicht aus dieser Höhe zu springen habe, sondern lediglich von einem sehr viel tiefer gelegenen Balken hinunter, und dass ich im Übrigen nicht einmal zu springen habe, sondern nur über ihn hinweg balancieren muss.

H.M. und ich sind auf einem Schiff, das auf der Route New York- Paris verkehrt. Das dauert natürlich viel länger als der Flug, aber es ist angenehmer.

Wir wollen einen Film auf einem Festival vorstellen, dessen erster Teil schon in New York stattgefunden hätte und dessen zweiter Teil in Paris ablaufen soll.

In einer Kabine auf dem Deck über uns bricht ein Feuer aus. H.M. und ich stürzen los und wir retten die Passagiere. Wir sind die Helden des Tages, und die Passagiere feiern uns.

Ich kehre in meine Kabine zurück. Dort steht ein Steward. Er erklärt mir, wie sehr angenehm dies alles ist. Er wechselt meine Handtücher, und da er sieht, dass ich leicht verschwitzt bin, tupft er mir das Gesicht mit einem Handtuch ab (einem von denen, die er schon eingesammelt hatte, um sie auszuwechseln).

Ich begebe mich in H.M.s Kabine. Ich erfahre, dass wir Mitglieder der Festival-Jury sind. Die Jury nennt sich »Der Helix-Komplex« und besteht aus vier Juroren: H.M. und mir sowie zwei Bauern, die in diesem Moment die Kabine betreten; es sind Bauern aus Villard-de-Lans, die H.M. sehr gut kennt; bei einem von ihnen handelt es sich um »Loulou«, den ich auch kenne (wahrscheinlich war ich während des Krieges mit ihm auf der Schule), den anderen aber kenne ich nicht, auch wenn mir sein Gesicht bekannt vorkommt.

N° 79
Juli 1971 (Lans)

Die Schauspielerin, I

1

Ich bin in einem immens großen Café in New York.

2

Eine sehr breite Caféterrasse in Paris. Sehr viele Menschen, vor allem Algerier, die leicht bedrohlich dreinschauen.

3

Ich habe meine Tasche auf der Terrasse liegen lassen; sie enthält 2500 Francs. Ich gehe sie suchen. Natürlich futsch. Ich bin wahrhaft verzweifelt. Meine einzige Chance ist, dass dies alles nur ein Traum ist (ich wache auf, bin erleichtert).

4

Ich bin bei einer Freundin (da ist nichts zwischen uns, wir sind einfach nur Kumpel). Da kommt die Schauspielerin M.D. Sie ist eine große, schöne Frau, lächelt, hat langes blondes Haar; unter ihrem leichten Kleid ist sie nackt.

Ich fange an, sie zu berühren, sie »ganz absichtslos« zu streicheln.

Ich befinde mich über ihr und streichele ihre nackten Brüste.

Wir lieben uns.

N° 80

Juli 1971 (Lans)

Die Probe

Wir haben mit den Proben zu meinem nächsten Stück begonnen. Wir stehen schon auf der Bühne. Ich erkläre dem Regisseur, Marcel Cuvelier, die Bedeutung der 6. Person, die eine stumme Rolle ist, die aber dem Schicksal zu entkommen scheint, das auf den 5 anderen lastet.

Ich bin Soldat in Grenoble. Ich genehmige mir selbst eine Woche Urlaub, um nach Lans oder Villard zu fahren. Ich gebe telefonisch durch, dass ich krank bin: Flecken auf der Haut, Röschenflechte, oder eher, um noch dicker aufzutragen, Schuppenflechte. Eine wohlwollende, aber neutrale Frau antwortet mir. Sie scheint das nicht für möglich zu halten, willigt aber dennoch darin ein, »den Vorgang zu bearbeiten«.

Nach langwierigem Durchbuchstabieren versuche ich, mir Melodie und Text eines Liedes in Erinnerung zu rufen, das ich 1941 komponiert haben soll.

N° 81
Juli 1971

Der Mann mit dem Hund

1

Ich besuche eine meiner Nichten und deren Freund. Zu meiner Beunruhigung erfahre ich, dass sie bei ihren Examina nur einen Durchschnitt von 80 erreicht haben, wo sie doch 100 gebraucht hätten. Meine Nichte erscheint mir mit einem Male aufgedunsen und fast schon hässlich. Ich sage mir, dass ihr das Leben, das sie mit ihrem Freund führt, nicht bekommt.

2

Ich kehre in mein Apartment zurück. Ich bewohne im selben Haus wie meine Nichte ein einziges, großes Zimmer. Über mir, in einer dritten Wohnung, lebt entweder P. oder F., ein algerischer Freund. Ich gehe zu P.; ich finde dort F. in Gesellschaft eines weiteren Algeriers und Henri C.s vor. Die drei Männer scheinen mir, einer wie der andere, wenig freundlich, ja fast schon feindlich gesonnen.

3

In Folge ich weiß nicht welcher Zwangslage verlege ich eine Verabredung, die ich für denselben Abend getroffen hatte, auf den nächsten Tag (das ist Samstag, der 30. Juli), elf Uhr morgens.

4

In diesem Augenblick erinnere ich mich in einer Art Anfall von Panik daran, dass ich für den 29. Juli einen Termin mit einem Psychoanalytiker vereinbart hatte, Monsieur Bezu, Rue Daru Nummer 34. Ich rufe Monsieur Bezu an, um den Termin abzusagen. Ich führe mit seiner

Sekretärin ein sehr kompliziertes Gespräch, denn sie will mir keinen anderen Termin geben, auch wenn ich darauf beharre, dass sie mir den Termin gibt, der ohnehin auf den gefolgt wäre, den ich absagen will. Nach langem Zögern gibt die Sekretärin aufgrund meiner Hartnäckigkeit nach und fixiert den Termin auf den 30. Juli, 14 Uhr. Das wundert mich zunächst, denn es scheint mir zunächst, als sei der 30. ein Sonntag. Aber tatsächlich ist es ein Samstag.

5

Ich gehe in die Rue Daru: Sie liegt in einem Abbruchviertel. Im Grunde ist sie eine breite Esplanade, auf der man alle Überreste des Viertels ausgestellt hat. Sie ist ganz weiß. Manche Details sehen aus wie Bilder von Niki de Saint-Phalle, als seien sie aus Bruchstücken von Zelluloid-Babys gemacht.

Ich besichtige diese Ausstellung, mir folgt, in wenigen Metern Abstand, Henri C., der einen Hund in seinen Armen trägt. Henri scheint sich mehr für das zu interessieren, was ich tue, als für die Ausstellung selbst, aber er richtet nicht ein Wort an mich. Während ich die Treppe zum Ausgang hinuntergehe, lasse ich etwas ganz Unbedeutendes mitgehen (die Kugel am Treppengeländer zum Beispiel): möglicherweise werde ich dabei von Henri C. ertappt, der anfängt zu lächeln.

6

Abrupter Tapetenwechsel. Ich bin wieder zuhause und ich bin unsichtbar. Ein Gag wie bei Jerry Lewis: ein als Hund verkleideter Mann (man erkennt nur am Blick – er ist leuchtend, fast schon rot –, dass es sich nicht um einen Hund handelt) geht aus dem Haus und zerrt dabei an der Leine, was sein Herrchen dazu zwingt zu rennen. Der wirkliche Hund sitzt auf einem Sessel, schaut zu, wie die beiden das Haus verlassen, stellt sich dann auf die Hinterläufe (wie ein Tier im Zeichentrickfilm) und mimt einen Boxkampf.

7

Eine andere Szene aus einem anderen Film; diesmal ist es *Designing Woman* von Vincente Minelli. Zwei Gangster terrorisieren einen Mann (wahrscheinlich F.), der ihnen 4000 Francs schuldet – oder eher: sie schüchtern ihn ein. Im Hinausgehen versucht einer der Gangster einen kleinen runden Tisch umzustoßen, auf dem mehrere zerbrechliche Gegenstände stehen. Mir gelingt es schließlich, die Tür zu öffnen und sie zu verjagen (sie machen keinerlei Schwierigkeiten beim Verlassen des Hauses).

8

Ich lebe jetzt in einer prachtvollen, immens großen Wohnung. Ich wandere durch die Zimmer, gefolgt von F., der mir von seinen Sorgen erzählt. Ich werfe ihm vor, dass er sich geradezu absichtlich immer wieder in einen solchen Schlamassel hineinreitet.

Ich betrete ein Zimmer voller Leute. Alle schauen mich freundschaftlich an. Es ist die Familie eines kleinen Jungen, den ich nicht sehr gut kenne, aber von dem ich weiß, dass er mich sehr mag. Der kleine Junge stellt mich seinem Vater und seinen Tanten vor. Der Vater fragt mich, was er für mich tun kann. Ich führe ihn über eine Rolltreppe in einen langen und schmalen Raum mit Wänden aus schwarzem Stein, in dem gerade ein Kongress stattfindet. Ich erkläre ihm, dass ich diesen Raum gerne als Vorführsaal herrichten würde, und zeige ihm, wie ich mir das vorstelle. Der Vater des kleinen Jungen sagt mir, dass dies eine sehr gute Idee sei. Wir machen uns wieder auf den Weg durch die Wohnung. Der kleine Junge gibt mir die Hand. Er sagt mir, dass er 1000 Dollar hat und dass er sie mir schenken will. Ich antworte ihm, dass ich das nicht annehmen kann, dass dies kein Geschenk sein kann, sondern nur, falls er das wünscht, eine Beteiligung an dem Film, den ich drehen werde. Ich erwarte, dass der Vater genauso viel anbietet und gar mehr, aber davon scheint keine Rede zu sein.

N° 82

Juli 1971 (Lans)

Die drei M

1

Ich stehe in der Eingangshalle von M.s Haus. Ich klopfe an die – schwarze – Scheibe der Hausmeister-Loge, um zu fragen, auf welcher Etage M. wohnt. Die Scheibe gleitet ganz langsam, wie automatisch, hoch. Dahinter befindet sich anscheinend niemand. Zwei von M.s Freundinnen treffen ein. Die eine sagt mir, dass M. abwesend sei, was mich in große Wut versetzt. Hatte sie mir nicht gesagt, sie wolle vorbeikommen! Das ist nicht das erste Mal, dass sie mich derart versetzt, aber jetzt ist das Maß voll, und ich beschließe, ihr einen kurzen Abschiedsbrief zu hinterlegen. Zum Schreiben finde ich nur ein sehr großes Blatt Papier, was mich dazu zwingt, in der Vertikalen zu schreiben, indem ich das Blatt an eine der Wände halte. Der kurze Text, den ich schreibe, ist von einiger Heftigkeit.

Das Problem ist nunmehr, den Briefkasten zu finden. Eine von M.s Freundinnen erklärt mir, dass er verdeckt in den Wänden der Eingangshalle stecke, und manchmal auch in den Abwasserleitungen (in Wahrheit handelt es sich um falsche Rohre; diese sind enorm groß und verbergen die echten Rohre; in einem ist ein Miniaturtheater eingelassen).

Während wir weiter nach dem problematischen Briefkasten suchen, stürmt eine ganze Menschenmenge die Halle und die Lage ändert sich.

2

Ich habe mit Michel M. bei ihm zuhause an einem Drehbuch gearbeitet. Dann ist er in Ferien gefahren und hat mir seine Wohnung überlassen.

Viele Leute (eher entfernte Bekannte denn wirkliche Freunde) sind gekommen und haben sich hier häuslich niedergelassen.

3

Ich habe viel Zeit in einem großen Café verbracht (in der Coupole?).

4

Ich bin auf der Straße. Ich brauche Briefmarken und habe kein Geld bei mir. Am Steuer seines Wagens kommt mein Onkel vorbei. Ich halte ihn an und bitte ihn um Geld. Er will es mir schon geben, hält dann inne und fragt mich, was ich damit anfangen will.

– Es ist für Briefmarken.

– Hast Du denn zuhause keine?

– Doch.

– Dann geh' sie holen.

Er lächelt und fährt wieder los. (Das wundert mich bei ihm überhaupt nicht.)

5

Ich gehe also nach Hause zurück, das heißt in Michel M.s Wohnung. Kaum bin ich eingetreten, kommt ein weiß gekleidetes Mädchen, das ich als eine von Michels Ex-Freundinnen identifiziere, und verlangt von mir Erklärungen. Sie ist gerade mit ihrem Verlobten eingetroffen und hat das Haus voll besetzt vorgefunden. Ich beruhige sie, schicke sie in ihr Zimmer und gehe zu den anderen Bewohnern. Meiner Vorstellung nach können wir zu einem modus vivendi finden, denn das Haus ist groß. Die anderen sind gerade dabei, zu Bett zu gehen, obwohl es noch helllichter Tag ist. Da ist insbesondere eine junge Frau, die ein unglaubliches und sehr komisches Spitzennachthemd mit winzigen Knöpfen übergezogen hat, in dem sie wie eine kostbare Puppe oder das Bildnis eines Kindes aussieht.

Alle kommen darin überein, tagsüber zu schlafen und nachts auszugehen. Ich erkläre mich zufrieden und will die Verlobte – nein, nicht die Verlobte, sie ist Michels Ex-Freundin – davon unterrichten. Ich durchquere mehrere Zimmer und Korridore, bevor ich dort ankomme: Diese Wohnung ist wahrhaftig sehr groß.

Ich treffe Michels Ex-Freundin, deren Verlobten und ein anderes – sehr hübsches und strahlendes – Mädchen an, das sich gerade auszieht; ihre sehr schöne Brust ist entblößt; sie geht ständig von einem kleinen vertäfelten Zimmer (»dressing-room«) in ein anderes kleines Zimmer, womöglich das Bad. Sie sucht meinen Blicken zu entkommen, aber das ist eher ein kokettes (und schelmisches) Spiel als eine wirklich schamhafte Geste. Meinerseits tue ich so, sehr amüsiert, als ob ich sie nicht sähe, während ich Michels Ex-Freundin erkläre, dass die Wohnung groß genug ist, um dort provisorisch alle unterzubringen.

6

Ich versuche, in den anderen Teil der Wohnung zu kommen. Ich irre durch die Gänge, und bald schon befinde ich mich in einem Abbruchviertel.

Das Gefühl, das ich dabei empfinde, ähnelt ein wenig jenem, das sich einstellt, wenn man sich vor einer bekannten und kaum veränderten (oder noch wiedererkennbaren, obgleich zutiefst veränderten) Fassade einfindet, nachdem diese lange Zeit von einer Palisade verdeckt worden ist (wie das »Taride«-Gebäude bei Mabillon): Hier also das definitive Antlitz, das dieses Haus, diese Straße, dieses Viertel haben wird! Darauf haben wir lange gewartet! Es war mir schon klar, dass es so aussehen würde! (wie eine Statue, die man einweiht, indem man sie enthüllt).

7

Es findet just eine Einweihungszeremonie statt – nicht um den ersten Stein zu setzen, sondern um den letzten Schlag mit der Spitzhacke zu tun (Tabula rasa). Ohne es zu wollen, befinde ich mich auf der Parallelspur zum Festzug, der langsam an mir vorbeizieht, bis ich schneller gehe, um ihn meinerseits zu überholen. Da tauchen zunächst ein paar Bullen auf, dann eine Abordnung von Herren in Uniform (obwohl es sich um Zivilisten handelt) und schließlich eine Gruppe von jungen Männern in Uniform (eine Art Sportanzug), in denen ich anfangs die E.O.R. zu erkennen glaube, in Wirklichkeit aber sind es »   «.

Einer von ihnen tritt näher heran und erläutert, was sie sind: Sie leben zu dreißig Personen in speziellen Häusern (ihr Name, gefolgt von der Endung »ère«, bezeichnet diese Häuser) und sie legen ein Keuschheitsgelübde auf dreißig Tage ab. Ich platze vor Lachen beinahe los, als ich dieses Bekenntnis vernehme, aber der junge Mann schaut mich ebenfalls mit einem amüsierten Lächeln an. Ich wechsele das Trottoir und geselle mich zu meinen Freunden auf der anderen Straßenseite.

8

Ich bin in einer Bar. Diese besteht aus zwei Räumen, einem großen und einem kleinen, die über einen engen Flur miteinander verbunden sind, in dem die eigentliche Bar steht (die Theke). Ich sitze an der Bar, auf einem hohen Hocker. Meine Freunde sind in dem großen Raum. Unter ihnen Nour M. und ganz gewiss eines der Mädchen, das sich schon in Michels Wohnung befand.

Ich trinke zunächst ein paar $^{V}_{W}$odkas, dann Whiskeys.

Ich kaufe Zigaretten. In einem bestimmten Augenblick zahle ich und es gibt ein – rasch gelöstes – Problem mit der Rechnung, irgendetwas, das zweimal bezahlt worden ist oder überhaupt nicht bezahlt worden ist. Das Mädchen geht. Ich begleite sie; sie gibt mir ihre Adresse. Ich glaube zunächst zu verstehen, dass es die Nr. 5 in der Rue Linné ist, oder aber es ist die Straße, die an der »Halle aux vins« entlangführt, dort, wo das Theater des alten Lutetia stand, aber es ist eine andere Straße, parallel dazu, nicht die Rue des Boulangers, sondern eine Straße, die an den Arènes de Lutèce vorbeigeht.

Ich suche Nour auf und schlage ihm vor, am Abend essen zu gehen. Zwei seiner Wohngenossen zögen ein »totales Spektakel« vor (man isst, man trinkt, man tanzt usw.), aber ich hätte lieber eine ruhige Ecke. Wir beschließen, alle zusammen in ein Restaurant zu gehen, dass ich in der Nähe von Denfert oder der Glacière kenne.

N° 83
Juli 1971

Die Notiz

1
Ferien

L. ist in Ferien. Wir wohnen bei ihm, in einem Schlafsaal, und erwarten seine Rückkehr.

Eines Nachts wache ich auf und ich begebe mich in ein angrenzendes Zimmer. Ich durchblättere die Bücher und Zeitschriften auf einem Tisch. / /. Es ist durchaus möglich, dass ich in diesem Augenblick auf die Notiz im Express stoße.

Jemand betritt den Raum und wünscht L. zu sehen. Er ist in Ferien, sage ich. Die Person betrachtet mich aufmerksam, sagt mir, dass sie mich zu kennen glaubt, und fragt mich, ob ich nicht der Freund von Z. sei. Ich antworte (»traurig« lächelnd), dass ich es gewesen sei.

In L.s Büro brennt Licht.

Ich kehre in den Gemeinschaftsraum zurück. Ich setze mich an eine Tischecke. Mehrere angebrochene Flaschen stehen da herum, ich schenke mir ein Glas Bier ein. Es ist nicht lau, es ist kühl. Ich bin vollkommen entmutigt. Jemand, eine junge Frau (M.F.), kehrt ein wenig in meiner Ecke herum, wischt über den stark verkrümelten Tisch, und das spendet mir einen gewissen Trost.

/ /

2
Der Ödipus-Express

Bei mir zuhause. Auftritt R. Er legt seine Jacke ab – eine Seemannsjacke – und seufzt, dass er total am Ende sei und dass ich ihm im Leben weiterhelfen müsse. Ich sage ihm, dass er ganz so tun solle, als sei er zuhause. Er betrachtet B., die vollkommen nackt und wie gleichgültig gegenüber R.s Blicken durch die Wohnung spaziert. Ich gehe in mein Zimmer, gefolgt von Nourreddine M. / / Während ich mit ihm rede, staple ich große – extrem große – 5-Francs-Stücke übereinander. Ich finde mehrere Dutzend davon. Ich tausche zehn gegen einen 50-Francs-Schein (eine Banknote). Mit wem? Vielleicht M.F.? Aus dem anderen Zimmer höre ich R., er telefoniert. Er sagt mir lachend, dass er gerade ein Flugzeug mitten im Flug angerufen habe. Zuerst denke ich, dass D. in dem Flugzeug sitzt und er mit ihr sprechen will (obwohl sie seit mehreren Jahren getrennt sind), aber er sagt nein, es sei das Flugzeug des Express.

Mehrere Monate zuvor war ich »in der Tat« im Express auf eine Notiz über Ödipus – oder genauer: über den Ödipus – gestoßen und ich hatte beschlossen, ausgehend von dieser Notiz einen Artikel zu schreiben. Ich habe einerseits gleich zu Anfang erklärt, dass es sich nicht um einen wirklichen Artikel über die Psychoanalyse handle, sondern eher um die »Stellungnahme eines zeitgenössischen Schriftstellers«, der für sich persönlich spreche. Andererseits fand ich mehrere lustige Titel, in der Regel Wortspiele, die ich für sehr subtil hielt und bei denen ich mich wunderte, dass noch niemand auf sie gekommen war.

Mir scheint, dass es sehr kompliziert ist, einen Artikel im Express und selbst anderswo zu publizieren. Ich spreche darüber mit einem Freund von François Maspero, der mir, etwas später, mitteilt oder mitteilen lässt, dass François Maspero interessiert sei, aber dass er diesen Artikel einem Spezialisten vorlegen wolle (was mich natürlich sehr erheitert). Darüber hinaus verspricht mir Marcel B., der bei einer hochstehenden Persönlichkeit (dem König von Marokko) bestens eingeführt zu sein scheint, seine Unterstützung: er ist sehr bald schon mit ihm verabredet.

Ein ganzes »Zusammenführen von günstigen Umständen« kommt um diesen Artikel herum in Gang. Es ist ein wenig wie in den alten Zeiten von »La Ligne générale«, einer Zeitschrift, die wir mit einer Gruppe von Freunden gründen wollten. Und so erfährt immer noch Marcel B. von mir, als wir vor einem Kino in der Schlange stehen, dass eines der ehemaligen Mitglieder der Ligne générale unter einem Decknamen zum Filmkritiker geworden ist und mir ebenfalls seine Unterstützung gewähren könnte. Wir merken an, dass der Gebrauch eines Pseudonyms ein Zeichen für Homosexualität sei, und finden gleich vier Beispiele, die zwei schon fast berühmte Paare im Paris der Literatur und der Künste bilden.

Im Inneren des Kinos habe ich L. in Gesellschaft eines Freundes erblickt. Wir haben uns diskret gegrüßt. Er schien ein Eskimo-Eis mit einem kleinen Löffel zu essen, aber ich habe gleich begriffen, dass er dabei war, Haschisch-Marmelade zu verzehren.

Letztlich bin ich vom Express eingestellt worden. Der Direktor ist niemand anderes als Jean Duvignaud, und Monique A. ist seine Sekretärin.

Sehr schnell brechen all die kleinen Streitereien aus, wie sie in solchen Läden immer vorkommen.

Durch das Fenster im Büro von Jean Duvignaud entdecke ich auf der Straße eine Gruppe von Männern; sie halten sich zwischen den parkenden Autos versteckt. Ich wittere, dass da etwas faul ist, und gehe hinunter, um nachzusehen. Außer ein oder zwei anderen Typen besteht die Gruppe aus drei Engländern, die sehr verlegen wirken bei meinem Anblick. Ich fordere sie auf, mir zu zeigen, was sie verbergen. Zwei von ihnen verstecken Fotos in den Gehäusen ihrer Armbanduhren. Aber diese Fotos – deren Titel etwas Anziehendes hatten – sind nur zusammengefaltete, winzig kleine, runde Lederflicken, auf denen nur vage gräuliche Schraffierungen zu sehen sind. Der dritte Mann hält etwas in der Hand: es ist ein Plan oder ein Rätsel, aber auch wenn er sehr aufgeregt ist ob der Sache, die er mir zeigen will, entdecke ich daran nichts Interessantes. Ich bin mir nichtsdestoweniger sicher, dass die Anwesenheit dieser drei Engländer die ganze Affäre ins Rollen gebracht hat.

Ich habe eine Verabredung mit Monique A., um eben genau darüber zu sprechen. Das Treffen dürfte in einer menschenleeren Snack-Bar in einer der überdachten Passagen statthaben (wahrscheinlich der Passage Choiseul). Nebenan gibt es ein algerisches Café, und vor dem Café sitzen drei algerische Frauen, die sich um die Taille fassen. Neben ihnen steht der Wirt, der ihr älterer Bruder ist, und macht ihnen Vorhaltungen wegen ihres Benehmens, wobei er den Ahnen ins Spiel bringt. Ich erinnere mich, dass in einer Art früheren Version Monique A. nicht gefeuert worden ist und die ganze Angelegenheit in einer Katastrophe geendet hat. Damit sich so etwas nicht wiederholt, hat sie diesmal ihre Kündigung eingereicht, und wir müssen uns sehen, um darüber zu sprechen.

Monique A. trifft ein. Sie steht hinter der Bar und ich davor. Sie ist wirklich getroffen. Warum, fragen wir uns, muss sie gehen? Sie wird nicht gefeuert, aber ist gezwungen, zu gehen. Warum läuft in diesem Drecksladen immer alles auf diese Weise ab? Ewig diese Streitereien, Leute, die sich davonmachen, andere, die bleiben usw.

Dies alles scheint nicht mehr nur mit den Geschichten in der Zeitung zusammenzuhängen, sondern, auf viel allgemeinere Art und Weise, mit dem Leben.

Eine riesige Schlange gleitet langsam unter dem Tresen hervor und lässt sich über meinem Kopf hin und her baumeln. Zunächst sage ich mir, dass ich gar nicht darauf achten sollte, aber die Schlange wird bedrohlich, und sehr rasch bin ich vollkommen gebannt, starr vor Schreck. Die Schlange wiegt sich und kommt zischelnd immer näher. Ich stelle fest, dass ihre Augen wie Leuchtstrahler sind. In dem Moment, da ich mich rettungslos verloren glaube, fällt, abgefeuert von wer weiß woher und wer weiß wem, ein Schuss und weckt mich.

N° 84

August 1971

Die verweigerte Zeugenschaft

Ich glaube in meiner Wohnung ein großes Zimmer zu entdecken, aber in Wirklichkeit gehört es nicht mir, es ist vielmehr sogar die Straße.

Massen von Menschen treffen ein und bevölkern mein Zimmer. Sie erzählen mir, dass F. Probleme hat: er hat vor ein öffentliches Denkmal geschissen; ich soll bezeugen, dass ich dabei war und nichts gesehen habe, und mehr noch, dass ich gesehen habe, dass er es nicht getan hat.

Auftritt F., eingerahmt von zwei Bullen. Ich erkläre oder versuche zu erklären, dass ich diese Zeugenaussage nicht ablegen kann.

Ich spiele in meinem Stück, aber ich muss die Schauspieler auch den Honoratioren vorstellen. Der Bürgermeister aber ist vollkommen verkalkt. Ich gebe durch Zeichen zu verstehen, dass sein Tischnachbar das Wort ergreifen soll: Während der wirkliche Bürgermeister stumm bleibt, hält der falsche eine sehr gut imitierte Rede.

Später erkläre ich Z., dass dies keine wirkliche Bedeutung hat, dass der andere in Wahrheit der ehemalige Bürgermeister sei und gleichzeitig der beste Freund und schlimmste Feind des wirklichen.

Wir gelangen an eine schon einmal gesehene Stelle: eine hohe Palisade?

Ich schlafe mit Z. Wohl fühle ich mich letztlich nur in ihr.

Nº 85
August 1985

Bälle und Masken

Auf einem Spaziergang durch die Straßen wohne ich einem Tennis-Match bei und mische mich unter die Spieler, die sich offenbar in nichts von den anderen Passanten unterscheiden. Mir gelingt es, einen ziemlich schwierigen letzten Aufschlag zu retournieren, was mir die Komplimente eines der Spieler einbringt (der niemand anderes als Marcel C. ist). Dadurch kommt eine Verwechslung zustande: er glaubt, dass ich spielen kann, ich wage nicht, es abzustreiten, und er tritt mir den Aufschlag ab.

Obwohl der Ball schrecklich dick und mein Schläger lächerlich klein ist, läuft es am Anfang gar nicht mal so schlecht. Es gibt kein Netz: der Ball muss über das Gitter im Park geschlagen werden. Ich schaffe es, die ersten beiden Bälle auf die andere Seite und so weit zu schlagen, dass der Gegner sie nicht mehr bekommen kann (er versucht es nicht einmal), und so steht es 30 zu 0. Aber der Ball wird dicker, er gleicht schließlich einem ledernen, etwas zu schlaffen Punching-Ball, und mir gelingt es nicht mehr ihn auf die andere Seite des Gitters zu schlagen. Ich glaube, nur ein Spiel verloren zu haben, aber mein Partner (Bernard L.) deklamiert in strengem Ton, dass wir 50 zu 40 zurückliegen und dass, wenn ich nicht ausgleiche, wir den Aufschlag verloren haben (nur den Aufschlag, das ist nicht weiter schlimm: es steht nach Spielen eins zu eins). Ich erkläre ihm, dass ich einen so schweren Ball mit einem so kleinen Schläger nicht rüber bekomme, und er bietet mir einen der seinen an. Tatsächlich hält er zwei Schläger unterm Arm, die er gar nicht benutzt und sogar wieder in ihren Rahmen gespannt hat (gestreckte Rauten aus Holz, die von vier Flügelschrauben zusammengehalten werden). Diese Schläger sind sonderbar: sie sehen »antiken

Schlägern« ähnlich (wie Violen den Violinen, das Krummhorn dem Fagott); der eine hat einen extrem dicken Holzrahmen, und der eigentliche Schläger (die Bespannung) besteht sichtlich aus einem winzigen runden (und nicht ovalen) Loch ohne irgendeine Saite. Ebendiesen Schläger hält Bernard mir hin; ich sage ihm, dass die Bespannung fehlt und dass ich damit nicht spielen kann. Er fängt an, die Schrauben vom Spannrahmen des anderen Schlägers zu lösen, besinnt sich dann und hält mir, fast schon wütend, den ersten wieder hin und behauptet, dass die Bespannung perfekt sei. Ich stelle in der Tat fest, indem ich mir den Schläger von nahem anschaue, dass das Loch von einem Netz ganz feiner Spinnweben durchzogen ist.

Zunächst versuche ich aufzuschlagen, indem ich selbst den Ball in die Höhe werfe. Aber Schläger und Ball sind zu schwer. Meine Partner werfen den Ball hoch, während ich mit beiden Händen den Griff meines Schlägers umfasse. Ich schaffe es, den Ball zu treffen, aber der Schlag ist viel zu schwach: der Ball titscht auf dieser Seite des Gitters auf, ein schlechter Schlag…

Ein andermal habe ich bei einem Glücksspiel enorm viel Geld gewonnen (mehrere Millionen neuer Francs). Die Verlierer wirken nicht gerade zufrieden, machen aber keine besonderen Schwierigkeiten, als sie mich auszahlen. Aber wie auch immer, just in dem Moment, da ich mich vom Spieltisch erhebe, beginnt ein neues Spiel, und ich verliere eine minimale Summe, sagen wir 100 Francs. Das scheint besagen zu wollen: *Wir können Dich gewinnen lassen, aber wir können Dich auch verlieren lassen, wenn wir wollen, und das solltest Du nicht vergessen.*

Ich stopfe das Geldbündel in die Brusttasche meines Hemdes, es schaut leicht hinaus.

Ich wohne in der Dependance eines Hotels. Sie dient auch als Gefängnis. Man liefert eine Gruppe Gefangener ein (deren Verhaftung ich, wie mir in diesem Moment scheint, beigewohnt habe). Die Komplizen stecken fast vollständig in Zwangsjacken aus einem stark glänzenden Metall, die sich wie Kleidungsstücke oder Masken ihren Körperformen anschmiegen. Man sieht auch einen Mann, dessen Nacken in einer Halskrause aus Eisen und Leder steckt, die in Wahrheit ein Folterinstrument ist. Weitere Komplizen neben diesem Mann sind ein Wolfshund (ebenfalls in eisernem Zaumzeug) und eine Frau. Der Anführer, der Mann, trägt eine grobe Mönchskutte.

Die Tochter des Kerkermeisters schließt einen der Gefangenen in einem Zimmer neben dem meinen ein, das aber etwas tiefer liegt. Ich begegne ihr, als sie wieder hinaufkommt, nachdem sie die Tür doppelt verriegelt hat. Unsere Blicke kreuzen sich und wir lächeln uns zu. Ich schlage ihr vor, ein Glas trinken zu gehen, was sie sehr gerne annimmt.

Wir befinden uns auf einer ziemlich breiten Esplanade. Wir suchen nach einem Pub. Es gibt einen, einen sehr engen, ganz hohen (es ist das vorletzte Haus am Platz), aber wir finden ihn hässlich (oder schlecht).

F. kommt vorbei. Wir geben uns die Hand. Ich sage ihm, dass ich seinen Besuch zu einem späteren Zeitpunkt erwarte. Er erinnert mich daran, dass wir gemeinsam essen gehen wollten, und verabschiedet sich.

Die Tochter des Kerkermeisters wundert sich über all das Geld, das aus meiner Brusttasche hervorlugt. Ich erkläre ihr, dass ich gespielt habe, dass ich mehrere tausend Francs gewonnen habe und dass ich von allen finanziellen Sorgen befreit bin, die mich seit einiger Zeit schon belasteten.

Wir irren durch verschiedene Straßen. Wir erinnern uns daran, dass sich ganz am oberen Ende der Rue de Boulainvilliers ein Pub befindet. Ich denke, »in petto«, dass es auch einen in der Rue des Vignes geben muss, dort, wo das Kino »Le Ranelagh« stand.

Wir fahren die Rue Raynouard hinunter. Wir sitzen im Auto und ich bin am Steuer. Ich fahre nicht wirklich: ich habe den Motor abgestellt, und das Auto rollt den immer steileren Abhang hinab. Ganz weit vor uns ein Fahrrad, dass allein den Hang hinunterrollt, und in noch weiterer Ferne ein Auto, in dem wir Harry M.s Wagen wiedererkennen (aber auch in diesem Wagen sitzt niemand).

Die Talfahrt wird immer schwindelerregender, spektakulärer und berauschender. Da sind weit ausladende Kurven, und an anderen Stellen geht es geradezu senkrecht bergab. Wir sind vollkommen überdreht. Wir überholen alle anderen Fahrzeuge im Slalom.

Unten herrscht freilich ein unbeschreiblicher Stau – zu Hunderten sind die Autos in den Fluss gestürzt, und die Schiffer haben alle Mühe, sie herauszufischen. Leute laufen über Schleppkähne im Verbund. Wir sehen, wie unser Auto wieder aus dem Wasser auftaucht, es ist ein tropfnasser Blechhaufen (oder eher nein: es ist kein wirklicher Haufen, man kann noch sehr gut die Form des Autos erkennen, aber es ist eine leere Form, sie ist lediglich das Skelett der Karosserie).

Wir suchen nach Harry M.s Auto, aber wir finden es nicht. Harry hat ganz entschieden kein Glück mit seinen Autos, sobald er mit mir zusammen ist; es ist das zweite Mal, dass ihm das passiert.

Wir bitten die Schiffer um die Papiere für die Versicherung. Sie antworten uns, dass das nicht nötig sei: unser Auto und Harry M.s Auto werden uns problemlos von den Versicherungen erstattet, selbst wenn sich das, was von ihnen geblieben ist, nicht mehr auffinden lässt.

Es gibt eine ganz einfache Erklärung für diese vereinfachte Erstattung. Wir bekommen sie nicht von den Schiffern, aber sie lassen sie uns auf subtile Weise erahnen: »In Grenoble und in Romans sind die Leute überglücklich, wenn sie X Francs für eine Forelle zahlen«.

Was so viel heißt wie:

a) Autounfälle finden immer auf dem Fluss statt;

b) es käme nicht dazu, wenn sich nicht so dicke Felsen in der Mitte des Flusses befänden;

c) aber man lässt diese dicken Felsen absichtlich im Fluss, damit die Forellen (und Forellenfischer) sich in Scharen einfinden…

N° 86
August 1971

Mit Ehren überhäuft

Ich bin auserwählt worden, um (in Irland oder Holland) an einer internationalen Konferenz über das Urheberrecht teilzunehmen. Mit C.B., der die französische Delegation leitet, beuge ich mich über das Problem, und wir sprechen über die anderen Mitglieder der Kommission, die zum größten Teil Mitglieder meiner Familie sind oder Freunde. Danach ist die Rede davon, dass wir unmittelbar nach unserer Rückkehr dem Staatspräsidenten von den Ergebnissen dieser Konferenz Bericht erstatten müssen. Wir gemahnen uns lachend daran, dass wir uns vorderhin weigern werden, dem Hofstaat des Präsidenten anzugehören. Ich frage C.B., ob der Spitzname des Präsidenten immer noch »Loulou« sei. C.B. antwortet mir, dass er keine Ahnung habe, aber dass »Loulou« fast schon diffamierend sei.

Mit einer Frau (nur schwer identifizierbar), J.L. und (etwas später) meiner Tante sind wir von L. eingeladen worden, bei dem wir unangemeldet vorbeigekommen sind. Meine Tante und J.L. sind gut ins Haus gekommen, aber ich befinde mich – wie sich herausstellt – mit der Frau auf einer kleinen, von einem Wassergraben umfluteten Erdcrhöhung. Zunächst glaubt man, da sei kein Wasser, weil es von Seerosen und Lotusblüten überdeckt wird, aber da ist Wasser und sogar sehr viel Wasser. Wie soll man diesen Graben überwinden? Man kann nur schwerlich springen: Man riskiert ins Wasser zu fallen noch bevor man richtig Anlauf genommen hat.

Aber da ist ja eine Brücke aus Holzplanken. Die Frau überschreitet sie leichtfüßig und landet in L.s Armen, der sie empfängt und fragt

»Sie bleiben doch zum Abendessen?«, als ob unser unvorhergesehener Besuch ihn nicht störe und gar vorgesehen sei, dass wir bleiben. Dann hält er mir die Hand entgegen, um mir beim Überqueren der Brücke zu helfen; daran tut er übrigens wohl, denn die morsche Brücke bricht in genau dem Augenblick, da ich sie betrete, aber dank seiner Hilfe falle ich nicht ins Wasser.

– Oh, was für ein hübsches Symbol!, rufe ich aus.

/ /

Ich diskutiere einen Augenblick lang mit J.L., dann mit meiner Tante über die geplante Konferenz. Sie sagt mir, dass sie nicht hingehe, da sie sich zu müde fühle; sie hat am selben Tag noch einen Spaziergang mit ihrer Enkelin unternommen und ist vollkommen erschöpft davon zurückgekommen.

L. ist nicht wiederzuerkennen. Er trägt einen Bart. Er wäre Bernard P. noch ähnlicher, wenn dieser sich einen Bart wachsen ließe. Seine Frau ähnelt, sehr vage, der Frau von Bernard P.

Auf einem Campingtisch liegen Papiere, eine Brille und das Buch, das L. im Moment unserer Ankunft las. Es ist eine Pléiade-Ausgabe, aufgeschlagen bei einer Novelle mit dem Titel »Don B.« oder »Madame B.«. Das könnte eine Novelle von Stendhal sein.

N° 87
September 1971

Acht Fragmente, vielleicht einer Oper

Mir scheint, dass ich den Film »Johnny Guitare« von Nicholas Ray im Kino gesehen habe.

Ich lebe in einem Haus, für das ich 360 Francs Miete pro Jahr bezahle. Das Haus verfällt. Die Heizkörper wackeln.

Ich schicke (wahrscheinlich dem Besitzer) ein Entschuldigungsschreiben, in dem ich die Verantwortung für die *Degradierung* des Hauses auf einen einfachen Schützen schiebe, wohingegen ich Hauptmann der Reserve bin.

M., eine Arbeitskollegin aus dem Büro, kommt zu Besuch. Da taucht G. auf, eine weitere Kollegin; möglicherweise stört sie uns: jedenfalls erregt unsere Szene zu dritt ein großes Unbehagen bei mir.

Wir treffen mehrere Verabredungen; wir sind sehr zahlreich bei unseren Treffen. Aufbruch zum Umzug: ein großes Fest in Aussicht. Ein Problem mit der Garderobe.

Die Oper (der ich beiwohne) fällt nicht so aus, wie sie sein sollte. Die Bühne ist furchtbar weit entfernt.

Auf der Bühne, jetzt ist sie ganz nahe: Ein großer kahlköpfiger Mann, dessen Gesicht eine sehr große Milde ausstrahlt, zerschmettert mit dem Streitkolben die Schädel des Königs, der Königin und des

Papstes. Inmitten der unzähligen Statisten und Statistinnen befindet sich auch B.

Ich rufe Z. an.

N° 88

September 1971

Das Thermalbad

In Philippe D.s Auto. Er fährt rückwärts; außerdem sitzt er auf der Rückbank.

Der Unfall seiner Eltern.
(die alte Zofe mit dem matt glänzenden Silberleuchter)

Er hat gerade Hin- und Rückreise hinter sich, seine Haare sind ergraut.

Es spielt in einer Stadt (mit Thermalquellen), wo ich einen Film mit dem Schauspieler Jean-Paul Belmondo vorbereite. Er wird ans Telefon gerufen. Ich stecke ihm eine Botschaft aus drei Wörtern zu, damit er begreift, wer nach ihm fragt. Möglicherweise eine weitere Botschaft.

Tatsächlich gilt der Anruf der Geliebten des Schauspielers, einer dunkelbrünetten Frau mit prächtigem Hintern, in der ich verblüfft P.L. (einen Mann) wiedererkenne.

N° 89
September 1971

Das Kreuzworträtsel

Ich spreche mit einem Freund über das Projekt einer Neuauflage von »Politique-Hebdo«. Wir treffen zwei (oder drei) Mädel, die früher für dieses Wochenblatt gearbeitet haben und wieder dorthin zurückkehren wollen. Im Prinzip ist keine Rede mehr davon, dass ich dort die Kreuzworträtsel mache. Doch denke ich »in petto« darüber nach; eine gewisse Anzahl von Rätseln liegt schon bei mir bereit, und es mangelt mir nicht an Ideen für neue. Der einzige Punkt, der noch zu regeln wäre, betrifft die Honorare. Ich glaube, eine ausgezeichnete Definition für »GRANT« gefunden zu haben – *Seine berühmtesten Kinder tragen nicht seinen Namen*. Aber nein, was bin ich doch für ein Dummkopf, das geht nicht mit »GRANT«, sondern natürlich nur mit »VERNE«. Ich finde eine andere Definition, nicht für »GRANT«, aber für »VERNE«: *Ein Jules, der keiner war*.

N° 90

Oktober 1971

Meine Größe

Ich muss eine Notiz (in der Art des Who is who) über meinen Chef schreiben.

Um mir die Arbeit zu erleichtern, reicht mir Jean Duvignaud ein Heft »mit Sichtfenster«, das heißt ein Heft mit kartoniertem Einband, der von innen ausgeschnitten ist (ähnlich wie ein Reisepass).

Das Heft »mit Sichtfenster« hat nichts mit meinem Chef zu tun, sondern mit L. Ich erfahre bei dieser Gelegenheit, dass einer seiner Vornamen Bernard ist. Beim Durchblättern dieses Heftes stelle ich fest, dass die darin enthaltenen Informationen nicht gerade erhellend sind.

Es ist ein Heft mit Sichtfenster, aber es ist nicht erhellend.

Ich bin bei S.B. In einem engen und windungsreichen Gang stellt sie mich ihrer Mutter vor, indem sie ihr meine Größe nennt: 1 Meter 65 Komma 5. Ich verbessere sie. Ich sage zuerst: 1 Meter 70, dann 1 Meter 68. Ich habe den Eindruck, unrettbar klein zu sein.

Inzwischen tummelt sich eine Menschenmenge in S.B.s Salon. Erzählt wird die Geschichte – aber vielleicht sieht man es auch eines jungen Mannes, der sich in Levitation bringt, was die Bewunderung der Anwesenden hervorruft. Aber er plumpst schließlich auf den Boden zurück (wie graziös auch sein Schwebezustand gewesen sein mag) und wirft sich vor einen Zug.

Zuvor hatte ich eine lange Unterhaltung mit seinem Vater und vielleicht auch mit seinem Onkel. Beide waren fürchterlich besoffen.

Nº 91

Oktober 1971

25 Stockschläge

1

Ich schlage 25 Mal mit dem Stock auf. Es geht um ein Stück, dem Z. beiwohnt, ohne irgendetwas davon zu begreifen.

Was ich selbst davon begreife, ist so viel wie: von A bis Z, wobei Z die Striemen, den Schnitt, die Narbe bedeutet.

2

Ich bin in Israel. Das Land hat gerade seine Unabhängigkeit erlangt. Wir warten lange in einem Hangar. Es fahren lauter Lastwagen vorbei.

Zwei Menschen stecken in mir. Der eine ist Israel gewogen, der andere ist ihm feindlich gesonnen.

Der Feindliche bemerkt, dass nicht alles zum Schlimmsten bestellt ist in Israel.

N° 92
Oktober 1971

Die Schauspielerin, 2

Eine Schauspielerin beginnt zu tanzen und entkleidet sich nach und nach. Sie hat nur ganz wenig Brust.

Ich denke an meine Mutter.

N° 93
Oktober 1971

Der Schneepflug

Ich bin mit Z. im Deux-Magots verabredet.

Es schneit.

Der Schnee gefriert zu Eis.

Man holt einen Schneepflug. Er lugt aus dem Schnee hervor wie das Periskop eines U-Boots aus dem Meer.

Details über die Funktionsweise des Schneepflugs.

Ein anderer Schneepflug (aber ist es wirklich ein anderer?) kippt um.

Z. zahlt für das Frühstück, das wir bestellt haben: 7,50 Francs.

N° 94

Oktober 1971

Das Gasthaus

Ich besuche J.L., der gerade umgezogen ist und jetzt ganz in der Nähe von einem der Pariser Stadttore gleich gegenüber einer Métro-Station wohnt. Auf den ersten Blick scheint es sich um ein ganz beliebiges Gebäude zu handeln; es grenzt gleich an ein Gasthaus, dessen Namen in gotischen Schriftzeichen zu lesen ist:

»GASTHAUS ZU VANVES«

Bei der Wohnung handelt es sich in Wirklichkeit um ein veritables Haus mit drei Stockwerken (ein Triplex). Die dritte Etage ist höchst bemerkenswert, ein Wohnzimmer mit einem Flügel; man stellt erst nach und nach fest, dass es sich um einen sehr großen, einen sehr sehr großen Raum handelt: er weitet sich ins Unendliche, sein Boden ist eine Wiese, die bis zu einem Horizont aus Feldern und Wäldern reicht.

Ein wunderbarer Eindruck. Wir sind begeistert:

– Was für ein Glück für Sie, so etwas gefunden zu haben!

– Ach ja, nur wird es ihnen leider irgendwann auffallen und sie werden alles zubauen!

Von außen ähnelt das Haus einem von hohen Mauern umgebenen Besitz, *deren Durchblicke so gestaltet worden sind, dass niemand sich wirklich vorstellen kann, dass sie in ihrem Innern einen unendlichen Raum umschließen.*

Ich richte mich auf unbestimmte Zeit in diesem Haus ein, wo im Übrigen viele Leute zusammenzuleben scheinen.

Eines Tages begegne ich auf der Straße einem Mädchen. Sie fragt mich, ob ich sie für kurze Zeit beherbergen kann. Ich bin einverstanden, führe aber nicht weiter aus, dass es nur in meinem Zimmer noch einen Platz gibt (was mir selbstverständlich erscheint).

Das Haus ähnelt Dampierre.

Jeden Morgen findet eine Versammlung statt, wie bei einem Fahnenappell.

Von meinem Fenster aus sehe ich, wie S.B. ankommt. Sie blickt zu mir hoch und lächelt mich an (aber es liegt vielleicht etwas Gefährliches in ihrem Lächeln).

Später: Ich verabschiede mich von P. und gehe über die Rue des Écoles nach Hause. Es scheint mir ganz evident, dass ich einer Freundin begegnen werde, mit der ich die Nacht verbringe.

Ich begegne in der Tat vielen Leute, die ich kenne, die mich aber nicht sehen – oder aber zu spät…

N° 95

Oktober 1971

Der Hypothalamus

Es beginnt mit ganz harmlosen Bemerkungen, aber bald schon wird zur Gewissheit: »La Disparition« steckt voller »E«s.

Zunächst sieht man eines, dann zwei, dann zwanzig, dann tausend!

Ich traue meinen Augen nicht.

Ich spreche darüber mit Claude.

Man könnte meinen, ich träume.

Wir schauen nochmal hin: kein »E« mehr.

Na also!

Aber dann ist da doch wieder eins, noch eins und noch zwei andere und abermals lauter »E«!

Wie kommt es nur, dass das noch niemand bemerkt hat?

Seine Nachbarn mit dem Fernglas beobachten? Man hat das Recht dazu, allerdings unter der Bedingung, gewisse Regeln zu beachten, seine Beobachtungen in zeitliche und räumliche Sequenzen zu bringen (wie wenn man Patiencen legt).

Ich beschließe (ich träume immer noch), diesen Traum »Der Hypo thalamus« zu nennen, denn »mein Begehren ist auf diese Weise strukturiert«. Ich hätte (in diesem Fall) besser daran getan, den Titel »Das limbische System« zu wählen: dieser Begriff ist bei allem, was das emotionale Verhalten angeht, treffender.

N° 96

Oktober 1971

Das Fenster

/ /

N° 97
November 1971

Die Bootsfahrer

Die Treppe

Die Fantasia

Die Photos

– Du kannst zu mir kommen, wann Du willst, aber Du sollst wissen, dass ich Dich nicht brauche, sagt mir Z.

Wir sind zu viert. Wir kommen in einem Boot über die Seine zurück. Bald befinde ich mich allein in dem Boot.

Der Fluss ist verstopft vor lauter Bootsfahrern.

N° 98
November 1971

Die Seilschaft

Es ist das Ende einer amerikanischen Komödie. Judy Garland stürzt ihren Verführer in Verwirrung. Sie rennt quer über die Esplanade, die sich hinter dem Bahnhof am Trocadéro weitet (man erkennt den Bahnhof wegen seines Zoos). Es ist das Jahr 1900. Der Eiffel-Turm steht mitten auf einer großen Wiese. Immerhin gibt es einen Aufzug, eine »Geschoss-Schale«; ihr Mechanismus ist leicht abgewandelt, was für ein kleines repetitives Geräusch sorgt. Ich möchte lieber nicht einsteigen. Zum Glück gibt es noch einen anderen Aufzug, eine Kabine, aber ich verpasse die erste.

Ich steige in die zweite. Es ist ähnlich wie eine Zahnradbahn. Ich verspüre einen freundschaftlichen Druck auf meiner Hand.

Auf dem Gipfel. Die Seilschaft wird von einer energischen alten Frau angeführt. Tatsächlich verbindet uns kein Seil, sondern eine sehr lange Holzbohle.

Wir eilen über den Gletscher.

Weiter unten jubeln uns, als wir vorbeikommen, Fußballer zu (es sind die Bauern aus dem Dorf).

A. fällt mir in die Arme.

Ich sehe J. wieder. Sie ist dermaßen zufrieden mit ihrer englischen Übersetzung des Stückes ihres alten Freundes D., dass sie sich daran gemacht hat, mit Hilfe eines dicken Sachs-Villatte auch eine deutsche Übersetzung anzufertigen. Ich freue mich für sie. Sie wird damit vielleicht 2000 Mark beim Radio verdienen, sage ich ihr, wie viel wird Sie D. davon abgeben? Nur 2 bis 300 Mark, antwortet sie.

N° 99

November 1971

Die Résistance

Eine Wohnung, die ich beinahe bezogen hätte, ähnelt einer Wohnung, die Z. bezogen haben soll. Sie setzt sich aus einem großen Wohnzimmer und zwei über zwei Stockwerke verteilten Schlafzimmern zusammen.

Aber meine Wohnung ist quadratisch. Ich bin dort mit C. und Lise und vielen anderen Leuten.

Wir gehen über die Straße, übers Land, wir rennen.

Es ist die Zeit der Besatzung. Die Deutschen, überall. Eine durchwachte Nacht auf einem Bauernhof, der von den Maquisards besetzt ist. Widerstandsszenen.

Später ist es nur noch die Heraufbeschwörung dieser Erinnerungen. Da ist ein Interviewer wie in »Le chagrin et la pitié«, den jemand »Le chagrin et la servitude« nennt, was mir, ich weiß nicht warum, folgendes Wortspiel ins Gedächtnis ruft:

– Was haben Sie denn, Sieglinde? Sie sehen ja wie geschlagen aus!

/ /

N° 100
Dezember 1971

Finnland

Ich beendete meinen Militärdienst in der großen Zitadelle von Malakoff, in der Banlieue. Eine riesige Festung inmitten eines gigantischen Straßennetzes.

Nach einem Heimaturlaub bin ich mit dem Wagen um sie herumgefahren. Von der Autobahn aus sah man, von Stelle zu Stelle, die enormen Türme der Festung auftauchen, zu denen unzählige Betontreppen führten.

Eine Versetzung ist der Grund dafür, dass ich die Zitadelle auf der Suche nach dem Sanitätsdienst durchquere. Er findet sich im zwölften Stock eines dieser Türme. Ich brauche lange, bis ich den richtigen gefunden habe. Ich nehme Platz in einem Aufzug: eine horizontale Plattform, die mit sehr hoher Geschwindigkeit an den vier gefährlich glatten Schachtwänden hochgleitet. Es gilt, jeden Körperkontakt mit diesen Wänden zu vermeiden (eine leicht Furcht einflößende Vorstellung).

Kein Sanitätsdienst im zwölften Stock, dafür ein riesiger Drugstore, dessen Regalreihen wahrhafte Straßen bilden. Auf diese Weise gelange ich in eine Art Sackgasse. Ganz am Ende befindet sich (vielleicht) der Sanitätsdienst (es ist ein Krankenhaus oder auch eine Ambulanz oder vielleicht gar eine Bank). Rechts liegt ein kleines Hotel, das Hotel »FINNLAND«, wie eine auf dem Giebel angebrachte Leuchtreklame verrät.

Ich betrete dieses Hotel »FINNLAND« und bewege mich Richtung Bar. Ich stelle gleich fest, dass hier kein Weihnachtsbaum steht. Sehr betroffen, fast schon weinend erkläre ich, dass es dieses Jahr kein Fest an Weihnachten geben wird.

//

N° 101

Januar 1972

Die Unordnung

Plötzlich stellte ich fest, dass auf dem Teppichboden in meinem Wohnzimmer feuchte Flecken sind. Vielleicht die Katze.

Ich taste, ich schnüffele: es riecht nach nichts. Aber es sind viele, überall.

Ich ging in meine Küche: Sie war in einem unbeschreiblichen Durcheinander.

Mir ist, als habe sich ein großes (blaues) Stück von der Mauer abgelöst, aber es handelt sich nur um einen Müllbeutel aus Plastik, der sich in einer Ecke über dem Spülbecken befindet.

Ich beschloss, aufzuräumen und mich zuvor noch umzuziehen.

Vergeblich versuchte ich in eine braune Cordhose zu steigen, die offenbar zu klein für mich ist: Sie gehört natürlich . , und ich wundere mich, dass sie sie nicht mitgenommen hat.

N° 102

Januar 1972

Die Türme

1

Richtung La Rochelle, wo ich ein paar Tage mit einer Frau verbracht habe, die ich kaum kannte. Sie sitzt am Steuer. Sie verfährt sich häufig, während sie zu dem großen Turm gelangen will, der sich auf dem Gipfelpunkt der Stadt emporreckt.

2

Man sieht diesen Turm auch am Horizont, geradeaus vor uns. Wir bewegen uns in diese Richtung. Eine gerade Straße. Wir kommen an mehreren monumentalen Statuen und Wohntürmen vorbei: die Freiheitsstatue, Hochhäuser, deren Wohnungen wie Waben in einem Bienenkorb wirken. Endlich entdecke ich in echt jene Hervorbringungen der zeitgenössischen Architektur, die ich nur aus Büchern kannte! Es sind nur Sozialbauten, kaum vollendet und schon überaltert…

3

Wir erreichen mit großer Verspätung den Bahnhof.

Wir gehen am Schalter vorbei, ohne zu bezahlen. Wir steigen in einen Wagon (wo ist unser Gepäck? was haben wir mit dem Auto gemacht?).

Kein Sitzplatz.

Überfüllter Zug.

Eine Strecke, die, so scheint mir, direkt an die Métro angeschlossen ist oder die Ringbahn. Mir scheint, dass man diese Anschlüsse übersieht, dass man viel häufiger von ihnen profitieren sollte…

4

Strecke? Tunnel?

5

In Paris halten wir nach einem Taxi Ausschau. Wir müssen eine große Esplanade überqueren, auf der die faschistische Bewegung »Ordre nouveau« ein Gymkhana für Automobilisten abgesteckt hat.

Ich halte dafür, dass wir nicht weit vom Bois de Vincennes entfernt sind…

N° 103

Januar 1972

Das Grab

Zeit: um Weihnachten

Orte: in der Pariser Umgebung

1

Gerutsche über kilometerlanges Mauerwerk mit dicken sichtbaren Kieseln (Puddingsteine)

2

die Werkzeugtasche (zum Reparieren): sie enthält einen »Cutter«, eine Lochzange, einen Hammer, einen Koffergriff ohne dazugehörige Schrauben…

3

das Wortspiel dient dazu, mir Fassung zu verleihen, mir etwas Fassung zu verleihen: ein kleines Fass Bier bitte!

4

In der Ferne die Türme aus dem Traum vom Vorabend

5

Ankunft in einer Stadt: Versailles.

6

Die Gendarmerie: grotesk, sie paradiert vorbei.

7

Wir werden gegen unseren Willen von der Parade mitgerissen; sie wird von einem Tambour-Major angeführt, einem alten und schlaffen belgischen Clown (Valentin der Knochenlose).

8

Wir erreichen endlich den Friedhof. Gedränge.

Ich stehe vor einem Grab, in dem entfernte Bekannte eines der unseren ruhen (wir sind zu dritt, mit wechselnden Identitäten).

Ich beuge mich über das Grab.

In den Stein sind Porträts inkrustiert; eines ist das Bildnis einer eurasischen Frau; ich erkenne darin Madame Vidal-Naquet wieder, eine ihrerzeit berühmte Psychiaterin.

Ich spüre, wie mir die Tränen in die Augen steigen, und bald weine ich hemmungslos.

N° 104

Februar 1972

Einer von P.s Träumen:

Die dritte Person

Ich stehe auf einer Hotelterrasse (am Meer? an der Seine? an einer Straße?). Ein Pärchen kommt herauf. Die Frau fragt nach dem Telefonbuch; sie fügt hinzu, dass es weiß ist – vielleicht die neueste Ausgabe – und dass sie, da sie sich damit auskennt, darin leichter finden wird, wonach sie sucht. Eine Frau, die neben mir stand (die Hotelbesitzerin?), gibt es ihr: tatsächlich handelt es sich um mehrere nicht gebundene Faszikel: Sie sind nicht weiß.

Später ist eine ganze Ecke dieser selben Terrasse von Gästen besetzt, die zu Abend speisen. Ich sitze mit mehreren Personen an einem Tisch. Am Nachbartisch sitzt die Frau von eben (es ist nicht die Hotelbesitzerin, sie ist ein Gast wie jeder andere) mit ihrem Ehemann: Es sind Monsieur und Madame Cruel. Madame Cruel hält immer noch das Telefonbuch in Händen. Ich würde gerne etwas darin nachschlagen; ich bitte sie um die Faszikel mit dem Anfangsbuchstaben des betreffenden Namens, sie scheint sie mir zu verweigern; ich erkläre ihr, was ich will, sie reicht mir schließlich die Faszikel, die ich mit einverständiger Mine entgegennehme.

Ich blättere in dem Telefonbuch, das sich als eine Art Album der Familie Cruel herausstellt. Als Frontispiz zu einem Kapitel in der Mitte des Buches figuriert ein Photo des Sohnes der Cruel. Er befindet sich in der Mitte einer Dreiergruppe: links sein Vater, dem er aufs Haar genau ähnelt, eine Art Sami Frey mit grausamem Gesichtsausdruck, tiefbraunes Haar, schwarze Augen, dreißig Jahre alt. Das Kind könnte zwölf Jahre alt sein; es wirkt sanfter, das Haar ist heller, die Augen blauer. Plötzlich bemerke ich, dass dieses Photo lebt: die Augen bewegen sich, der Vater schaut äußerst boshaft und cholerisch drein, die Augen des Sohnes bewegen sich ebenfalls.

Ich bin begeistert von dieser Technik. Ich blättere die Seiten um und stoße auf ein weiteres belebtes Photo: eine Zimmerecke, in der man die Ecke eines Bettes erkennen kann und das Kreisrund eines großen mit Darstellungen von Personen dekorierten Beckens, in dem ich die römische Badewanne der Cruel wiedererkenne. Das Kind – es ist acht Jahre alt – durchquert diesen Raum und bewegt sich nach links auf eine halb geöffnete Tür zu, hinter der es tiefdunkel ist und von der ich weiß, das sie zum Badezimmer führt (Ich wundere mich, dass die Cruel gerade für die Kinder nicht lieber die römische Wanne benutzen, die mir dafür bestens geeignet scheint).

Später dann ein anderer Traum.

Nach dem Aufwachen erinnere ich mich an den Traum mit dem Telefonbuch und ich stelle fest, dass ich nicht weiß, wer die 3. Person auf dem ersten Photo ist – ich glaube nicht, dass es die Mutter war.

N° 105

Februar 1972

Das Urteil

Für Jean Duvignaud erstelle ich eine »mailing-list«, das heißt eine Liste der Leute, denen er Sonderdrucke seiner Artikel schicken möchte.

P. und ich steigen für ein einfaches Wochenende in einem Grand Hôtel ab, vielleicht dem Ritz. Wir haben zwei sehr große Zimmer (oder Suiten) reserviert. Wir haben dermaßen viel Gepäck mitgenommen (Koffer und Hutschachteln), dass die Grooms zweimal hin und her gehen müssen, um alles in den Fahrstuhl zu tragen.

Im Fahrstuhl. Es ist ein riesiger Fahrstuhl, groß wie ein Zimmer. Wir sind schon im Voraus bis zur Eitelkeit glücklich über dieses prunkhafte Wochenende.

In P.s Zimmer. Es ist ein immens großes Zimmer, das zu einem Teil aus einer Bar besteht. Wir geraten mitten in einen Empfang. Ein Kleinkind schaufelt sich große Löffel voll *chili con carne* in den Mund.

Ich gehe hinunter ins Restaurant. P. sitzt an einem anderen Tisch. Sie ist sehr schön. J.L. sitzt nicht weit von mir entfernt. In einem bestimmten Augenblick zerrt er mich in eine Ecke des Speisesaals und fängt an, von einer unmittelbar bevorstehenden Landung auf Kuba zu erzählen. Ich unterbreche ihn. Er redet zu viel, im Saal wimmelt es nur so vor Spionen.

Da steht eine alte Frau auf, eine Hexe, und indem sie mit dem Finger auf mich zeigt, brüllt sie so etwas wie:

– Wir werden errettet, aber er muss sterben!

Ich bin zunächst erschrocken, als ob diese Drohung umgehend Wirklichkeit werden müsste, beruhige mich dann aber in der Überzeugung, dass es sich um eine abstrakte Drohung handelt, eine zeitlich nicht bestimmte, metaphysische Gewissheit. Allerdings hat man mich auf eine Art Piedestal gehoben und begonnen, mich anzubeten, das heißt mir die Füße zu lecken. Kaum habe ich mich an dieses Ritual gewöhnt, wird mir klar, dass man sehr wohl den Versuch unternimmt, mich umzubringen, indem man mich von der Höhe meines Piedestals herunterstoßen will. Ich stürze schließlich, aber es gelingt mir, mich an einer der Ausbuchtungen in der (im Übrigen gefährlich glatten) Mauer festzukrallen und schaffe es ohne Probleme bis zum Boden. Von oben bombardieren mich die Leute mit enormen Felsbrocken, aber keiner trifft mich.

Ich flüchte durch hohes Gras; ich habe mich einer Horde angeschlossen, und mehrere Jahre, mehrere Jahrhunderte lang irrten wir auf den Spuren von Tieren einher (vielleicht würde ich in dem Buch die Stelle wiederfinden, wo von den Tieren die Rede war?).

Nach langen Jahrhunderten des Umherirrens kehren wir in die Regionen zurück, aus denen wir geflohen sind. In der Steppe ist inzwischen eine Stadt erbaut worden. Sie heißt Texas. Zum ersten Mal sehen wir Schusswaffen…

Texas ist eine neue Stadt, bestehend aus Holzhäusern. Es gibt dort vor allem Saloons. Das Rathaus, in dem eine Versammlung unmittelbar bevorsteht, befindet sich in einem »doppelten« Hinterzimmer, das zu zwei Saloons gehört. Dieses Arrangement mag zunächst ein wenig verwundern, aber man begreift schnell, dass es sehr raffiniert ist.

N° 106
Februar 1972

Die Bibliothèque nationale

Ich arbeite im großen Lesesaal der Nationalbibliothek. Alain G. kommt und setzt sich an einen Tisch in meiner Nähe.

N° 107

Februar 1972

Im Restaurant Kuntz

Ich bin im Restaurant Kuntz. Ich rufe einen alten weißhaarigen Mann herbei (eine Art Maître d'hôtel) und einen jungen Kellner, der mir – indem er einem anderen, älteren Kellner den Weg versperrt, der wahre Wunder vollbringen muss, um nichts fallen zu lassen, während er am Nebentisch bedient – einen Text bringt, den ich schließlich als Pastiche von »La fabrique du pré« identifiziere (nicht wirklich ein Pastiche, auch keine Kopie, sondern eher ein Text, zu dem »La fabrique du pré« der Quellentext wäre).

Neben uns steht eine Schachtel mit »After eight«-Schokolade.

N° 108

Februar 1972

Das Theaterstück

… es könnte sein, dass das Stück schon angefangen hat und dass mir nach einiger Zeit klar wird (oder ich mich daran erinnere), dass ich in einen Vorort gefahren bin, um es zu sehen, dass ich die Schauspieler persönlich kenne und dass es nicht unmöglich ist, dass die Produzenten jemanden gefunden haben, der ihnen Geld für die Inszenierung leiht – vielleicht 20.000 Francs –, und das in Dampierre.

Die Hauptperson ist ein Byron, der ein Malatesta wäre, das heißt ein Kriegsherr, der Kühnheit vortäuscht, um seine Vasallen gefügig zu machen.

In einem der Akte spiele ich mit: ich muss alle Lichter eines großen Hauses löschen und ich weiß, dass beim Erlöschen eines dieser Lichter etwas Entsetzliches geschehen wird. Dieses Warten löst in mir leichte Angstgefühle aus. Aber es passiert nichts.

Später liege ich im Bett mit einer Frau, in der ich schließlich (überwältigt und verblüfft, als hätte ich diese unmögliche Begegnung seit langem ersehnt) C. wiedererkenne. Uns überkommt beide ein unsagbares Hochgefühl (für das selbst ein Wort wie »Extase« nur ein fernes und verfälschtes Echo wäre). Ich liege auf dem Rücken. C. lässt sich rittlings über mir penetrieren, aber sie macht eine brüske Bewegung, und ich gleite wieder aus ihr heraus. Sie beginnt, uns beide ganz sanft zu bedauern, was mich gleich wieder in Erregung versetzt. Sie kniet sich hin, und indem ich mich von hinten auf ihr abstütze, dringe ich erneut in sie ein. So ineinander gekoppelt kriechen wir los über den Teppichboden.

Im Nebenzimmer sind zwei Leute (einer von ihnen ist F.). Sie sehen uns, aber das stört uns nicht. Das gehört zur Aufführung.

Der nächste Akt spielt auf dem Lande. Die Heldin ist eine alte, hässliche Frau geworden. Sie zieht einen Stier groß, den man aus einer Art Graben steigen sieht. Er sieht unecht aus. Eine der Personen des Stückes bemerkt, dass schon eine halbwegs wilde Katze reichen würde, um ihm den Garaus zu machen.

Ich habe mit meinem Nachbarn eine längere Unterhaltung, die mich schließlich langweilt. Er findet das Schauspiel gut, weil es klar herausstreicht, dass der Herr ein Schweinehund ist und dass es genau das ist, was das Theater so lange zeigen muss, bis es keine Herren mehr gibt. Ich weiß nicht, was ich ihm antworten soll. Ich finde das Stück entsetzlich, aber das ändert nichts daran, dass mein Nachbar recht hat, und so fühle ich mich immer unwohler.

Nach jedem Akt treten die Personen auf die Bühne, mit karikaturartigen Hüten auf dem Kopf. P. gegenüber mache ich die Bemerkung, dass, je größer die Hüte sind, die Schauspieler sie desto länger mit sich herumtragen – ein typisches Beispiel für die Demagogie der Inszenierung.

Der letzte Akt: ein Fest. Alle Zuschauer sind gebeten, auf die Bühne zu strömen und einer Art Rundkurs zu folgen, in dessen Verlauf mehrere Attraktionen auftauchen werden (insbesondere ein Pingpong-Tisch). Am Ende kommen sie an einem Buffet vorbei, wo man ihnen eine Tasse Kaffee, schwarz, ohne Zucker, serviert.

Nach der Aufführung bin ich zum Regisseur und seiner Frau gegangen (die eine der Schauspielerinnen war). Ich habe versucht, ihnen zu verstehen zu geben, dass ich das Stück nicht gemocht habe. Der Regisseur ist mit einem Haufen Papier zurückgekommen: In diesen Texten, sagt er mir, habe er die Rechtfertigung dafür gefunden, dass man Byron und Malatesta vermischen darf.

Ich blättere in den Papieren. Ich finde unter anderem einen Prospekt der »Trois Suisses«, in dem Reklame für drei Telefonhalterungen aus Leder gemacht wird. Genau diese Art von Kleinstmobiliar suchte ich; sie scheinen sehr viel weniger zu kosten, als ich dachte; im Übrigen sitzen der Regisseur, seine Frau und eine dritte Person *in* genau dieser Art Möbel (sie haben ihre Schuhe ausgezogen).

Ich wache auf. Oder ich träume, dass ich aufwache.

Sehr viel später, scheint mir – an einem anderen Tag –, bin ich mit P. und einem meiner Freunde, vielleicht R., in einem Vorort bei Freunden jüngsten Datums.

Ich fange an, ihnen meinen Traum zu erzählen. Alles ist vollkommen klar. Ich schreibe ihn nach und nach auf Papierbögen, die ich aus meiner Tasche ziehe.

Ich beginne die Erzählung meines Traumes von hinten, mit der Episode der Telefonhalterungen.

Wir gehen hinaus.

Vergebliche Suche nach einem Taxi irgendwo in der Nähe von einem der Pariser Tore…

P. ist erschöpft auf einer Art Verkehrsinsel gestürzt. Lauter gelblicher Matsch, sie liegt, reglos, mit dem Gesicht auf dem Boden.

Halb belustigt, halb ängstlich rufe ich sie bei ihrem Namen:
Lise! Lise!

Ich merke, dass ich mich geirrt habe und rufe abermals nach ihr, indem ich ihren Namen berichtige.

Wutenbrannt steht P. wieder auf und sagt:

– *Wenn Du willst, dass ich dir zu essen gebe, dann gib mir den Namen,*

<table>
<tr><td rowspan="2">den</td><td>du mir</td><td rowspan="2">gegeben</td><td>hast</td><td rowspan="2">, denn sie gab</td><td>dir</td><td rowspan="2">zu essen!</td></tr>
<tr><td>mir deine Mutter</td><td>hat</td><td>mir</td></tr>
</table>

Ich merke, dass wir Hunger haben. Ich wühle in meinen Taschen und ziehe – o welche Freude! – dünne Scheiben Chester hervor: auf diese Blätter hatte ich meinen Traum zu schreiben geglaubt.

N° 109
März 1972

Die Spelunken

Es werden »auf den letzten Drücker« zwei meiner Stücke aufgeführt.

Das ältere geht ganz gut über die Bühne; aber das neue! Einhellige Aussetzer bei meinen Schauspielern. Wir müssen unterbrechen. Große Verlegenheit.

Wie Schatten treten ganz alte Leute in Erscheinung und fangen an zu applaudieren. Liegt das daran, dass sie glauben, es sei zu Ende oder sind sie gerade erst eingetroffen?

Wir führen dieses neue Stück noch einmal auf, aber diesmal mit Musik. Ein Musiker dirigiert die Aufführung mit Hilfe eines »Mischpults« und zieht sich sehr gut aus der Affäre.

All dies könnte sich in Dampierre abspielen.

Diskussion auf einem Rasen. Einer der Teilnehmer trägt eine Drillichhose in Tarnfarben. Wir kommen auf eine gemeinsame Erinnerung zu sprechen (die uns und all jenen gemeinsam ist, die schon mit dem Fallschirm gesprungen sind): die Schwierigkeit, mit einer Axt im Gürtel zu springen. Mehrere Beispiele von Unfällen

Das Spiel geht weiter, immer weiter

Jemand, mit dem ich zusammen war, bricht auf

Ich weiß nicht mehr, wo ich bin, woran ich bin

Ich gehe wütend in die Hotelrezeption und verlange – auf Französisch –, dass man mir mein Zimmer zeigt. Die Angestellte versteht Französisch und spricht es auch: Sie zeigt mir den Weg.

Ich verlaufe mich in einem Labyrinth winziger Treppenhäuser.

In Wahrheit bin ich in einem Bordell. Drei fröhliche fettleibige Frauen attackieren mich in einem der Zimmer, das ich auskundschafte, ohne das meine zu finden. Ich fliehe. Eine andere Frau verfolgt mich (was eigentlich nichts Unangenehmes an sich hat).

N° 110

März 1972

Meine Schuhe

Habe ich meine Schuhe verloren? Wie habe ich meine Schuhe verloren?

Es war auf einem großen Jahrmarkt: Man konnte eine ganze Tour durch die Luft unternehmen, indem man sich ans Ende eines Taus band, das an einer Kugel, einem Ball oder an Luftballons befestigt war – der alte Gag mit dem Ballonverkäufer, der von seinen Ballons davongetragen wird.

Die Reise endete auf einer sehr hoch gelegenen Plattform. Um wieder auf den Boden zurückzukehren, konnte man sich – das war eine der beliebtesten Kirmes-Attraktionen – durch einen riesigen Schlauch aus Stoff gleiten lassen (eine Art übergroßer Ärmel voller Falten, eine Art gigantischer Dünndarm): Man versicherte mir, dass das sehr beeindruckend und vollkommen ungefährlich sei.

Es war in der Tat sehr angenehm (ein in jedem Augenblick aufgefangener freier Fall) und tatsächlich absolut harmlos.

Nachdem ich höchst zufrieden aus diesem Apparat hinausgekommen bin, habe ich mich auf eine Bank gesetzt. Und da habe ich festgestellt, dass ich meine Schuhe verloren hatte.

Ich spreche den für diesen Strumpf verantwortlichen Angestellten an und bitte ihn nachzuschauen, ob meine Schuhe nicht tief in dem Apparat stecken geblieben sind. Er antwortet mir, dass dies unmöglich sei. Ich bleibe hartnäckig und setze hinzu, dass es sich um fast neue Schnürstiefel handelt (ich habe sie gerade erst geschenkt bekommen), sie seien leicht wiederzuerkennen. Aber der Angestellte behauptet weiterhin, dass so etwas nie vorkommt, nicht vorkommen kann. Ich muss lange insistieren, bis er sich entschließt, nachschauen zu gehen.

Er kommt mehrmals zurück, jedes Mal mit Schuhen in der Hand, die ganz offensichtlich nicht die meinen sind. Dann endlich findet er den einen, dann den anderen.

Ich stelle fest, ein Detail, das mir noch nicht aufgefallen war, dass sich an den äußersten Enden der Sohlen zwei kleine metallene Stifte befinden, die es ohne weiteres ermöglichen, Schlittschuhkufen anzulegen.

N° 111
März 1972 (Blevy)

Rekonstruktion einer Wahl

(der Titel allein weist schon darauf hin, wie unleserlich alles geworden ist. Es ging um eine ganze Reihe von Alternativen: auf welche Seite soll man sich drehen, um zu schlafen, welche Art Kopfkissen wählen, welche Lampe anmachen?)

Nach einiger Zeit wird es konfus:

Der Weg des Vaters oder der Weg der Mutter?

N° 112

März 1972 (Blevy)

Die Bücher

In der Garderobe meines Labors gibt es ein kleines Fenster, das auf das Hinterzimmer eines Antiquariats hinausgeht. Wenn ich mich aus diesem Fenster hinauslehne, kann ich einen Posten Bücher erkennen, die, in einem kartonierten Schuber präsentiert, so aussehen, als sei da nur ein einziges Werk mit einem großen schwarzen Fleck auf dem Rücken. Die Bücher bilden ein auf mich homogen wirkendes Ganzes. Das zentrale Thema wäre eine zeitgenössische Schule mittelalterlichen Namens – Ein frô Wissenschaften oder Die Heilig Wîsheit –, und dieser Name erscheint in sehr sorgfältiger Schönschrift mit schwarzem Stift. In diesem Ensemble finden sich, bunt durcheinander, dicke Bücher von Derrida, ein Kunstband (vielleicht von Claude Roy) und winzige Opuscula. Ich weiß, dass dieser Posten Bücher aus der Sammlung eines Freundes von J.P. stammt und es scheint mir, dass es genau diese Bücher sind, nach denen ich schon seit so langem suche. Der Preis, den der Buchhändler verlangt, ist, bedenkt man Wert und Seltenheit der Werke, äußerst bescheiden, aber ich schaffe es nicht, ihn zu entziffern (29 Francs? 37 Francs?). Ich würde den Buchhändler gerne aufsuchen und mit ihm ins Geschäft kommen, aber natürlich ist der Laden geschlossen.

Die Zigarette, die ich gerade rauchte, fällt in den Laden, und das macht mir einige Sorgen (es ist nicht so sehr die Angst, der Stummel könnte den Bücherstapel in Brand setzen, sondern das unangenehme Gefühl eine Spur meiner Indiskretion zu hinterlassen), bis ich feststelle, dass die Kippe auf eine auf dem Parkett liegende Marmorplatte gefallen ist, auf der schon eine und sogar mehrere Kippen liegen.

Später. Morgens. Ich erhalte einen Telefonanruf von J.P. Er fragt mich, ob ich an einem Posten Bücher interessiert sei, den er nicht haben wolle, denn der große schwarze Fleck auf der Kartonage wirke störend in seiner Bibliothek. Ich antworte ihm, dass ich die Bücher gesehen habe und dass ich sie kaufen wolle. Daraufhin macht er einen Rückzieher und verkündet, dass er sie trotz dieses Fleckens für sich behalten wolle. Ich bin äußerst zornig. Warum schlägt er sie mir erst vor, wenn er sich gleich danach eines anderen besinnt?

N° 113

April 1972

Der Bericht

Ich habe eine äußerst dringende Arbeit zu beenden und mich deswegen bei P. einquartiert. Auf dem großen Tisch im Esszimmer habe ich alle Papiere ausgebreitet, die ich für die Redaktion eines umfangreichen Berichts brauche, den ich am nächsten Morgen abgeben muss.

Tatsächlich arbeite ich nicht. Es haben sich im Übrigen eine Menge Leute bei P. einquartiert, und da fiele es nicht leicht, zu arbeiten.

Zu einem gewissen Zeitpunkt gehe ich mit C.F. spazieren, die ich seit sehr langem nicht gesehen habe. Ich küsse sie hinters Ohr. Sie fragt mich, ob sie diese Geste als gleichbedeutend mit »wir finden wieder zusammen« interpretieren soll. Diese Hypothese streite ich gleich ab und ich erkläre ihr, dass sich in meinem Leben viel verändert habe.

Wir betreten einen mittelalterlichen Innenhof. Zu Füßen einer Kathedrale steht ein gotisches Bauwerk, erkennbar an seinen Strebepfeilern und spitzbogigen Fenstern. Ich zeige auf eines der Fenster und sage ihr, dass ich dort wohne. Sie antwortet mir:

– Aber das ist mindestens der 4. Stock!

– Nein, sage ich, das ist das Erdgeschoss.

Aber indem ich diese Wörter ausspreche, überkommt mich ein höchst verwirrendes Gefühl, denn tatsächlich liegt es von außen unstreitig viel höher als das Erdgeschoss.

Ich bin zu P. zurückkehrt und habe mich hingelegt, während viele Leute in der Wohnung kommen und gehen. Ich rede mir ein, dass ich, wenn ich mitten in der Nacht aufstehe, noch genügend Zeit haben werde, meinen Bericht für den nächsten Tag fertig zu stellen. Schließlich ist das nicht das erste Mal, das mir so etwas passiert, im Gegenteil, ich bin schon sehr daran gewöhnt.

Ich rufe mir alles ins Gedächtnis, was ich zu schreiben habe. Dieser Bericht betrifft ein Produkt (etwas in der Art von »Perspirex« oder »Respirex«, was, wie mir scheint, bis auf einen Buchstaben der Name eines wirklich existierenden Produkts ist), das auf einer Kreuzfahrt getestet worden sein soll. Ich habe eine Liste all der Dinge aufgestellt, die ich zu sagen habe. In bestimmten Augenblicken glaube ich, mit allem so gut wie durch zu sein, dass sich mir keine Probleme mehr stellen; in anderen Augenblicken wird mir zu meiner Verzweiflung klar, dass ich noch nicht einmal den zweiten Punkt auf meiner Liste abgearbeitet habe (und dass sie fast hundert umfasst...).

Patrice hat mir diese Arbeit anvertraut. Zu einem anderen Zeitpunkt bin ich hinuntergegangen, um ihn anzurufen und ihm meinen Bericht für den nächsten Tag neun Uhr abends zu versprechen. Das ist schon ein beträchtlicher Aufschub gegenüber der ursprünglich festgelegten Uhrzeit. Patrice war einverstanden (bei allen Arbeiten dieser Art ist einkalkuliert, dass sie auf die letzte Minute fertig werden, und es wird entsprechend geplant), aber es ist immer ungewisser, ob ich zeitig fertig werde...

N° 114
April 1972

Das Puzzle

1
Das Puzzle

In Begleitung einer nicht klar identifizierten Person (vielleicht ist es meine Tante) besuche ich eine Art Kolonialwarenhandlung. Ganz hinten in einem der Säle stehen wir vor einem gigantischen Puzzle, das auf einem langen, leicht geneigten Tisch ausliegt. Von weitem hat man zunächst den Eindruck, dass in der Mitte ein fast fertiges Puzzle liegt – es stellt ein Renaissance-Gemälde in ganz leuchtenden, stark glasierten Farben dar – und darum herum andere Objekte. Wenn man näher herantritt, stellt man fest, dass in Wirklichkeit alles Puzzle ist: das Puzzle selbst (das Gemälde) ist lediglich Fragment eines größeren, unvollendeten, weil unvollendbaren Puzzles; denn die Besonderheit des Puzzles besteht darin, dass es aus Körpern besteht (grob gesagt aus Würfeln, genauer gesagt aus unregelmäßigen Polyedern), deren jede Fläche sich frei mit anderen kombinieren lässt: alle Flächen eines Würfels A sind kombinierbar mit allen Flächen eines Würfels B, und das nicht nur paarweise wie im (Klötzchen-)Spiel der Kinder. Es gibt also wenn nicht unendlich viele, so doch eine extrem hohe Zahl an Kombinationsmöglichkeiten. Das Gemälde ist nur eine unter ihnen, die Fragmente um das Gemälde herum sind Skizzen, Entwürfe, Vorschläge für andere Puzzles.

Gewissermaßen zum Beweis dieser fast unbegrenzten Permutabilität löse ich vom Rand eines der Fragmente einen Stein (ich habe vergessen zu sagen, dass die Fragmente wie auch das Gemälde nicht viereckig oder von regelmäßiger Form waren wie die meisten Puzzles, sondern gewissermaßen »randlos«, ohne geradlinige Kante), den ich ein paar Augenblicke betaste und dann am Rand eines anderen Fragments anlege, wo er sich umgehend einfügt.

Wir gehen weiter in einen anderen Saal, wir treffen dort meine Nichte Sylvia. Mir scheint, dass in diesem Moment etwas sehr Gewaltsames passiert (vielleicht haben wir etwas zerbrochen?)

2
Die Briefe an Felice

(mir scheint) ich halte in Händen die Preisliste für die Erstabzüge von Kafkas Briefen an Felice. Es gibt mehrere Typen, sie gehen vom prachtvollsten zu 056 Francs (diese 0 muss ein Druckfehler sein) bis zum gewöhnlichsten, aber nichtsdestoweniger nummerierten Abzug zu 12 Francs. Einen der letzteren beabsichtige ich zu bestellen. Das scheint nicht ganz so leicht zu bewerkstelligen sein, aber immerhin, sage ich mir, fast schon glücklich, wird dieses Buch, sobald ich es erhalten haben werde, eine Karte enthalten, die mir in der Folge erlauben wird, auf legale Weise alle anderen Originalausgaben zu bestellen: Man wird mich über alle Neuerscheinungen auf dem Laufenden halten.

3
Die Drei Katzen

Vielleicht nach einer langen Reise komme ich nach Blevy zurück (oder ist es Dampierre?). Meine ganze Familie ist da. Meine Katze schläft in einer Ecke des Zimmers. Ich bin sehr erstaunt, eine zweite Katze (sehr viel kleiner und getigert) in einer anderen Ecke des Zimmers zu entdecken. Ich will mich setzen und trete auf eine dritte Katze; diese ist sehr viel dicker. Ich glaube nicht an die Existenz dieser dritten Katze – nun kommt schon, das ist ausgeschlossen! –, aber sie springt mir ins Gesicht und kratzt mich.

N° 115
April 1972

Fragment einer allgemeinen Geschichte des Transportwesens

1

Man kann sich mühelos ein ganz besonders aufregendes Parksystem vorstellen: eine gigantische Spirale, die sich in den Untergrund bohrt und deren Gefälle so genau berechnet ist, dass es für die Auffahrt keines größeren Kraftaufwandes bedarf als für die Abfahrt bei, in beiden Fällen, gleichmäßig ansteigender Geschwindigkeit.

Die einzige Bedingung wäre, dass sich niemals mehr als ein Fahrzeug in der Spirale befindet: sobald sich zwei darin aufhalten, das eine auf dem Weg nach oben, das andere auf dem Weg nach unten, können sie nur zusammenstoßen, und das wäre die Katastrophe. Die Angestellten, die, der eine unten, der andere oben, die Aufgabe haben, Ein- und Ausfahrt der Fahrzeuge zu überwachen, tragen mithin eine hohe Last an Verantwortung, aber sie können, wenn sie unter einer Decke stecken, sehr leicht Unfälle provozieren: So und nicht anders heckt man perfekte Verbrechen aus.

Die Spirale besteht nicht aus Beton, sondern aus sehr hartem Stahl; ihr äußerstes Ende ist schraubenförmig: die von den in ihr zirkulierenden Fahrzeugen freigesetzte Energie sorgt für die Drehbewegung, und so bohrt die Spirale sich (extrem langsam, aber praktisch kostenneutral) immer weiter in den Boden (besonders hartes Felsgestein, das sich anders nicht aushöhlen ließe): Auf diese Weise werden die Fundamente für ein gigantisches Gebäude ausgehoben, immer vorausgesetzt, dass es mehrere Schrauben, das heißt mehrere Parkhäuser gibt.

2

Der Übergang vom oben Gesagten zum Projekt einer allgemeinen Geschichte des Transportwesens und insbesondere der Automobile fällt leicht. Der Leiter dieses Projekts ist Alain Trutat, und er zeigte sich ausgesprochen begeistert, als ich ihm ein Referat über einen der am wenigsten bekannten Aspekte dieser Geschichte vorschlug, der doch einer der bedeutendsten ist: die Hispanisierung (oder genauer die Kastilisierung oder Kastilifizierung oder Kastillanisation) der Gascogne nach dem Machtantritt der Katharina von Medici: Die Mentalität, die Sitten, die Bräuche der Gascogner bleiben auch heute noch vollkommen unverständlich, wenn man außer Acht lässt, dass die Gascogne einige Jahrzehnte lang schlicht und einfach eine Kolonie, eine Dependance, ein Anhängsel Kastiliens war.

Vor einem dünn gesäten Publikum beginne ich in einem ziemlich banalen Klassenzimmer mit meinem Vortrag. Sehr rasch wird mir klar, dass ich ihn natürlich nur unzureichend vorbereitet habe, und, was noch schlimmer ist, es gelingt mir nicht mehr, meinem Publikum den doch so evidenten Zusammenhang zwischen der Geschichte des Automobils und der Geschichte Spaniens begreiflich zu machen.

Es geht alles den Bach runter. Die totale Pleite. Ich stammle mir was zusammen. Alain Trutat verlässt den Raum. Um für eine heilsame Ablenkung zu sorgen, schlägt jemand vor, Musik zu machen. Es bildet sich ein Orchester mit mehreren Instrumenten.

Ich gehe raus, um eine Runde zu drehen. Vielleicht suche ich ja nach Trutat? Ich spaziere durch einen großen, vollkommen verschneiten französischen Garten.

Ich kehre ins Klassenzimmer zurück. Unter der Leitung von R.K., der der einzige kompetente Musiker in dieser Versammlung zu sein scheint und der die Dinge mit sehr viel Autorität und darüberhinaus Effizienz in die Hand genommen hat, ist ein zweites Orchester entstanden. Ich will Flöte spielen, stelle aber fest, als ich sie in die Hand nehme, dass ich das Endstück abgebrochen habe: ich hielt in der einen Hand die Flöte, in der anderen eine Art Rosenkranz aus drei länglichen, weißen Oliven, die vielleicht aus Holz sind, und genau diese Kette sollte das Mundstück der Flöte sein.

Etwas später reicht mir vielleicht jemand eine Klarinette.

3

/ /

N° 116

Mai 1972

Der Affe

In Folge ich weiß nicht welcher Fährnisse kommt es dazu, dass ich meine Wohnung mit einem Unbekannten teile. Eine der Besonderheiten der Wohnung besteht darin, dass sie über einen sehr großen Eingangsbereich verfügt, tatsächlich ist er viel größer als die anderen Räume und die Schlafzimmer. Vielleicht wirft die Teilung dieses Eingangsbereichs ein erstes Problem auf.

Darüberhinaus habe ich eine Partitur geschrieben, und dieser Unbekannte, der von sich behauptet, Musiker zu sein, hat sich anerboten, sie aufzuführen. Aber ich ahne, dass er in Wirklichkeit die Absicht hat, sie sich anzueignen.

Vielleicht um sich für diese Taktlosigkeit zu entschuldigen, stellt er mir Adolf Hitler vor.

Adolf Hitler ist eine Art grotesker Clown, ganz bleichgesichtig, lange Haarsträhne: Er spielt mit Emphase und übertrieben und zieht zunächst seinen Adjuntanten, den General Hartmann, durch den Kakao, einen gutmütigen, sicherlich betrunkenen und dicken Teutonen mit roter Knollennase: Er findet an seinem Bund nicht den richtigen Schlüssel und versucht verzweifelt, seine Uniform wieder in Ordnung zu bringen – Hemd, herunterhängende Hosenträger, den Tschako über die Ohren gezogen –, während er sich vor seinem Führer präsentiert.

Hitler beginnt in honigsüßem Tonfall all das Gute zu sagen, das er von Mariani hält. Aber je länger die Tirade dauert, desto perfider wird sie, und sie endet in einem Sturzbach von unflätigen Verwünschungen.

Hitlers graue Eminenz ist ein Affe; er hat einen sehr langen Schwanz, der in einer Hand (mit schwarzem Handschuh?) endet, und hört nicht auf, damit herumzuspielen (genauso wie Spirous Marsupilami), um die Rede seines Herrn und Meisters damit zu begleiten und zu skandieren.

Aber ich glaube, in einem bestimmten Augenblick verliert er seinen Handschuh oder gar die ganze Hand.

Abrupter Szenenwechsel. Totenstille. Auf einer breiten Esplanade drängen schwarz gekleidete Soldaten die Bevölkerung zurück, während sich, furchterregend und zugleich grotesk, der Affe mitten über den Platz bewegt. Er sitzt auf irgendeinem kleinem Rollgestell (eine Lafette), den Schwanz nach vorne gerichtet wie das Kanonenrohr eines Panzers.

Ein rennendes Kind. Einer der Soldaten dreht sich abrupt um, als es an ihm vorbeiläuft und streckt es mit einem Hieb seines Gewehrkolbens nieder.

Ich bin auf einer Demonstration. Wir singen »Die Junge Garde«. Der Gesang verstummt nach und nach. Beklemmende Stille. Ich spüre, dass die Polizei uns gleich gegenüberstehen und loslegen wird.

Ich weiß sehr wohl, dass es sich nur um eine Szene aus dem Film »Todesmelodie« handelt, aber trotzdem, warum zum Teufel muss ich immer in solche Situationen hineinschliddern?

Ich habe in einen Rohbau flüchten können. Ich halte mich in einem kleinen, quadratischen Zimmer ohne Türen versteckt (ich muss über die Decke eingedrungen sein). Das wird einmal das Klo sein; die Rohre sind noch nicht gelegt, aber im Zement sind schon die Fußabtritte.

N° 117

Mai 1972

Der Joint

1

Große Demonstration für den Französischen Joint. Drohende Handgreiflichkeiten zwischen Demonstranten und den C.R.S. Ich habe eine fast panische Angst davor, festgenommen, aufs Kommissariat verbracht und geschlagen zu werden.

Nichts davon passiert.

2

(vergessen)

3

(vergessen)

Nº 118
Juni 1972

Die doppelte Feier

Ich besichtige ein Haus mit dem Barmann einer Bar, in der ich regelmäßig verkehre. Dort steht eine vibrierende Glaswand. Der Barmann liefert eine Erklärung: Sie ist mit den Metallstreben der Stores verbunden. Es gibt auch ein verstopftes Spülbecken. Um es wieder frei zu bekommen, muss man zunächst ein anderes Becken füllen: Dank einer Art System von kommunizierenden Röhren ermöglicht das Ablaufen des normalen Spülbeckens dann das Ablaufen des verstopften Beckens.

Im Hause meiner Eltern findet eine große Feier statt. Ich sitze auf einem Kanapee zwischen P. und einer jungen Frau, die ich verführe. P. steht auf, ist sehr verärgert; ich verstehe nicht, warum. Ich vereinbare ein Rendezvous mit der jungen Frau um 23:30 Uhr.

Ich nehme einen Zug. Ich durchquere eine Stadt. An einer bestimmten Stelle wird ein Höhenunterschied auf der Fahrbahn mit einem Laufband überwunden.

Ich erreiche Dampierre, wo eine große Feier stattfindet. Fast alle, die auf der Feier im Haus meiner Eltern zugegen waren, sind hergekommen.

Ich treffe meine Tante in Begleitung von Z; Z. ähnelt einer anderen meiner Tanten, und sie hat die gleiche Stimme wie sie (eine unangenehme Stimme); sie sagt mir:
– Im Garten gibt es ein Konzert.

Bei Tisch. P. sitzt mir gegenüber; sie hat enorm viel getrunken.

Ich habe der jungen Frau nicht den Ort unseres Rendezvous genannt.

Ich ergehe mich in dem Besitz. Es hat sich viel verändert. Ich habe Mühe, die ehemaligen Keller wiederzuerkennen, die zu großen Gewölbesälen geworden sind; ich begegne Leuten, die ich früher an diesem selben Ort getroffen habe, insbesondere einer Frau, die meine Geliebte gewesen sein muss: Sie schenkt mir ein rätselhaftes Lächeln, das mir zu bedeuten scheint, dass diese Beziehung wirklich tot ist.

Ich wundere mich immer wieder darüber, dass Z.s Stimme mir derart unangenehm geworden ist.

Auf einer weiten Esplanade, die über dem Eingang des Besitzes liegt, wird ein großes Mittagessen aufgefahren. Die Leute, die unten ankommen, sehen aus wie Ameisen; zuweilen sind es wirklich Ameisen: Man fegt den Weg, damit (nicht) noch mehr hereinkommen.

Die junge Frau stößt zu mir; sie trägt einen Hut, der eine Art Turban mit einem winzigen Regenschirm obendrauf ist; ich bin glücklich, dass sie verstanden hatte, dass sie mich hier treffen sollte.

N° 119

Juni 1972

Rue de l'Assomption

Ich habe eine Wohnung in der Nr. 10 oder 12 der Rue de l'Assomption gemietet, gleich über Jo A., der im zweiten Stock wohnt.

Ich schicke mich an, sie neu zu streichen.

Ich mache Einkäufe in der Rue La Fontaine, finde aber keinen guten Käse. Ich hätte gerne einen kleinen, ganz trockenen Ziegenkäse bekommen.

Ich kehre zurück. J. ist gekommen, um mir beim Anstreichen zu helfen. Aber weder sie noch P. wollen runter, um Käse einzukaufen.

Wütend gehe ich wieder runter, aber mein Zorn legt sich, sobald ich auf der Straße bin.

Ich komme an dem Haus vorbei, in dem ich zwischen meinem zehnten und zwanzigsten Lebensjahr gewohnt habe, wie auch am Lycée Molière.

– Zu schade, sage ich mir, dass ich just in diesem Monat nicht diese Straße beschreiben muss!

Es gibt große Veränderungen in der Straße: gleich neben der Metzgerei in der Nr. 52 ein Kino, nein, ich erinnere mich, das kannte ich schon; aber dann ein zweites, ganz neues Kino und selbst ein drittes, wo gerade ein Film über Autorennen mit dem Star Maximilian SHELL (der Name erscheint ganz groß) und Trintignant (aber nicht Jean-Louis, und der Name ist ganz klein) gezeigt wird.

Ich betrete einen Käseladen in der Avenue Mozart. Die Käse dort sehen aus wie dicke aufgeschnittene Hirne. Zahlreiche Windungen. Kein Ziegenkäse. Man muss extrem lange warten, bis man bedient wird.

Ich kaufe ein einziges (ziemlich kleines) Stück Käse. Es kostet 8 Francs 70. Das ist maßlos überteuert! Und außerdem wartet man auch noch lange Zeit beim Bezahlen: Der Händler macht seinem Kommis eine ganze Reihe kleiner sehr rascher Zeichen, die dieser weitergibt an die Kassiererin. Die Kassiererin verlangt von mir 8 Francs 65.

Ich drehe mich wieder um, um mein Paket in Empfang zu nehmen. Der Händler gibt mir zunächst ein sehr schönes, sehr voluminöses, sehr hübsch gemachtes, dann besinnt er sich, denn es ist nicht meines; das meine aber findet er nicht. Er sucht nach einem anderen Stück Käse, das er mir geben könnte, aber er findet nur vergammelte Stücke. In der Zwischenzeit macht er sich an die ganz besonders langwierige Herstellung eines tunesischen Imbisses: es ist eine eigene Kunst, diesen Imbiss nach traditionellen Regeln zuzubereiten: die Gürkchen werden der Länge nach in ganz dünne Scheiben geschnitten, die »Spezereien« einer genauen Anordnung folgend hinzugefügt.

Unter den Kunden beginnt eine Diskussion über Tunesien. Man fragt mich, ob das Klima gut sei bei Stirnhöhlenkatarrh. Nein, zu feucht, sage ich. (Und doch:) Marcel C. kuriert dort sein Rheuma. Er fährt nach Djerba. Er hat dort Freunde, was ihm erlaubt, dem touristischen Irrsinn zu entkommen, der, wie man sagt, auf der Insel herrscht.

Um in die Rue de l'Assomption zurückzukehren, werde ich die andere Hälfte des viereckigen Perimeters ablaufen, das gebildet wird von

LA RUE DE L'ASSOMPTION

LA RUE DAVIOUD

L'AVENUE MOZART

LA RUE DU RANELAGH

N° 120
Juni 1972

Hypothesen

... bin ich zu schnell gefahren, im Rückwärtsgang, auf der Straße, die uns zur Autobahn führen sollte? Es war eine sehr breite Straße, die eher an eine Esplanade erinnert, und sie wurde in alle Richtungen von Autos mit voller Geschwindigkeit befahren...

Wir waren zu viert in einem Leihwagen. P., J., ein großer und starker Engländer, den wir nicht kannten, und ich. Der Engländer saß am Steuer. Es ging darum, an die Front zu kommen, sich zu schlagen...

– Aber nicht doch, das war in einem Film von François Truffaut...

In der Nähe von Auxerre erreichen wir die Autobahn. Hinter einem breiten Portal sehen wir sie vor uns: Es ist eine breite und geradlinige Straße, über die von rechts nach links ein unablässiger Strom von Autos dröhnt.

Im Augenblick befinden wir uns in einer Art Drugstore; wir können uns nicht länger aufhalten, um etwas zu essen. Mir gelingt es gerade einmal, ein paar Zuckerwürfel zu stehlen.

N° 121

Juli 1972

Die Miete

In dem Augenblick, da ich meine Miete bezahlen will, stelle ich fest, dass die letzten drei Scheine eines 1000er Bündels (10 Scheine à 100 Francs) durch Papierstreifen ersetzt worden sind, die von Tischtüchern aus Restaurants stammen, auf denen ich früher etwas geschrieben hatte.

Ich befinde mich in einem immens großen Restaurant, es ist so groß, dass man in den Toiletten eine Sauna eingebaut hat.

N° 122
Juli 1972

Die Hochzeit

1

In Blevy. Bernard holt mich ab. Wir müssen eine Minute von »Un homme qui dort« drehen. Zuerst aber muss noch die Katze gefüttert und die Streu gewechselt werden (der Sack mit dem Sägemehl ist sehr dick).

Bernard wird begleitet von 1, 2, 3, 4, 5, 6 Kindern.

Wir drehen (in Orly).

Wir kehren um. Ich bin nicht sonderlich zufrieden; wir kommen zwischen lauter Trödlern nur schwer voran: Sie haben sich gleich auf dem Boden breitgemacht und verkaufen sehr stark durchlöcherte Holztafeln.

2

Ich treffe S.B. Weil sie kein Geld hat, ist sie nicht in Ferien gefahren; sie will sich nach Dampierre begeben. Ich schlage ihr vor, dass wir gemeinsam wegfahren: Man dürfte mir mit Vergnügen das Haus in Villard leihen (unser alter Familiensitz) oder das in Druyes oder noch ganz andere.

Wir gehen, wahrscheinlich nur auf eine Stunde (mit der unausgesprochenen Absicht, dort miteinander zu schlafen), in die Wohnung von Henri C. in der Rue L. Henri C. hat im selben Haus, kein Neubau, im Gegenteil, ein altes Gemäuer, zwei Wohnungen: ein Appartement im

Erdgeschoss (das ich eine gewisse Zeit lang bewohnt habe) und, ganz oben, ein großes Atelier.

Die Concierge erkennt mich nicht, erweist sich aber als sehr liebenswürdig. Der Schlüssel liegt im Briefkasten, und der Briefkasten ist offen. Es ist ein winziger und verbogener Schlüssel; er ähnelt in keiner Weise einem Haustürschlüssel, sondern eher einem Schlüssel für Vorhängeschlösser.

In der Wohnung. Große Blätter mit Kreidezeichen liegen verstreut auf dem Boden. Dann treten 1, 2, 3, 4, 5, 6, viele junge Leute ein: Es sind Amerikaner, Tänzer. Ich begreife sofort, dass meine Nichte ihnen den Schlüssel gegeben hat, was sie mir bestätigen. Sie essen und reichen uns unterteilte Menüteller mit Avocados, Tomaten und?. Es sind nicht dieselben Amerikaner, die in der Woche zuvor hier (oder in Villard) waren, aber sie kommen von derselben Universität. Wir sprechen über verschiedene Dinge und sehr schnell über Dampierre, das sie gut kennen.

Das Ballett beginnt, es ist eine Hochzeitspantomime. Gags. Der Hochzeitsanzug: gelbe Socken, weiße Hose, die nur bis auf halbe Höhe der Waden geht, grünes Hemd, in dem die Arme vollständig verschwinden. Der Ehemann sieht nicht so sehr aus, als habe er keine Arme, sondern er wirkt eher wie eine Büste.

Die ganze Hochzeitsgesellschaft zieht an uns vorbei, aber von Zeit zu Zeit taucht plötzlich der Doppelgänger eines der Teilnehmer an dem Festzug auf; das ist sehr lustig, es werden immer mehr, und am Ende ist es der gleiche Festzug wie am Anfang, aber nur noch ein einziger Tänzer vom Anfang ist dabei: *Es sind alle ausgetauscht worden.*

Applaus wie bei einer sportlichen Höchstleistung.

Die drei Hauptfiguren (der Ehemann, die Frau und der Pfarrer) werden vorgeblich geköpft wie in den

»Mysterien des Organismus«.

3

Auftritt Thérèse und Marcel C.; Thérèse ist gekleidet wie eine Marketenderin; sie kommt durch die Tür herein und singt. Marcel steht hinten im Korridor. Er hat eine Gitarre in der Hand und singt ebenfalls. Ich erinnere mich, dass die beiden in der Tat im selben Haus wohnen. Aber ich wusste nicht, dass es einen *Geheimgang* gab, über den man aus Marcels in Henri C.s Wohnung gelangen kann.

Neben dem großen Zimmer, in dem wir uns befinden, verläuft ein langer, verglaster Korridor, der auf ein schmales Zimmer geht, wahrscheinlich eine Anstreicherwerkstatt oder deren Lager.

Während er durch ein ihm unbekanntes Zimmer seiner eigenen Wohnung irrte, ist Marcel eines Tages, vor langer Zeit, in Henri C.s Wohnung geraten.

N° 123
August 1972

Das Atelier

In meinem Laboratorium finden bedeutende Veränderungen statt. Während einer Sitzung verlangt mein Chef, dass ich mich ausschließlich mit der Redaktion von Manuskripten befassen soll und die Verwaltung der Kartei unserer Dokumentation einer jungen Frau überlasse, die er gerade eingestellt hat.

Die junge Frau ist nicht sehr hübsch, auch nicht besonders sympathisch, aber sie erweist sich als außerordentlich effizient; sie spürt insbesondere ein offizielles Dokument auf, das es jedem Mitglied des Labors erlaubt 1) regelmäßig in Saal B1 oder B2 ein Gespräch mit dem Beichtvater seiner Wahl zu führen, und 2) den Maler zu besuchen.

Tatsächlich gibt es bei uns wie in allen Fakultäten (sei es Medizin und Kunst) ein »funktionales Atelier«, und die junge Frau nimmt mich mit dorthin. Es ist wahr, dass ich mich schon fragte, wohin diese Türe führt.

Ich trete in der Überzeugung ein, anstelle eines Malers nur einen nichtswürdigen Schreiberling vorzufinden.

– Aber das kenne ich doch sehr gut!, rufe ich.

Es ist in der Tat nichts anderes als das Atelier des Malers Bizet, und man erkennt sofort seine großen Leinwände voller gekästelter Motive wieder. Das Atelier ist ein riesiges Zimmer mit sehr hoher Decke; der Maler ist ein sehr hochgewachsener Greis; er führt uns mit großer Liebenswürdigkeit durch sein Atelier, aber man spürt, dass ihm das sichtlich widerstrebt (er kann das Atelier nur unter der Bedingung nutzen, dass er Besucher einlässt). Er arbeitet vor allem an Tapisserien, aber er zeigt mir auch Zeichnungen, die er oftmals auf Rechenpapier ausführt.

Eine der Forscherinnen aus dem Labor, T., trifft im Laufschritt ein, um ihrerseits das Atelier zu besichtigen. Der Maler scheint sich mehr für sie als für mich zu interessieren, auch wenn sie auf ausgesprochen banale Weise über seine Malerei zu reden beginnt und Dinge sagt wie: »Oh, wie wenig das ähnelt!«, worüber der Maler sich übrigens nicht weiter aufzuregen scheint (wohingegen ich schockiert bin).

Der Maler fasst T. um die Taille und mit dem anderen Arm stützt er sich auf meine Schulter: Ich bin in der Tat viel kleiner als die beiden.

Andere Leute tauchen im Atelier auf. Auf dem Boden liegen zwei Geldscheine, die sich als sehr hohe Stückelungen herausstellen.

N° 124
August 1972

Die Denunziation

1941.

Der Stoffhändler hatte noch eine Schuldforderung an meinen Vater und beschloss, ihn – und gleichzeitig mit meinem Vater auch seinen eigenen Sohn (oder nur einen einfachen Angestellten), der sich als Austräger von Untergrund-Zeitungen entpuppt hatte – bei der SS zu denunzieren.

Es ist alles viel verworrener als das. Aber das ist es.

Die SS kommt und verhaftet uns. Sie tragen schwarze Uniformen und sehr eng anliegende, kugelförmige, maskenartige Helme. Sie schicken sich an, auch den Chef zu verhaften, aber dieser hebt meinen Kopf und zeigt auf mich, indem er auf die kleine Narbe deutet, die ich unter dem Kinn habe.

Wir durchqueren die Stadt.

Wenn wir nur einen Kaffee trinken könnten. Das scheint ganz einfach zu sein, ist aber unmöglich. Ich habe schon darauf verzichtet. Das Kasino ist im Übrigen geschlossen oder Juden untersagt. Doch brennt im Innern ein Licht.

Wir machen kehrt. Wir kommen wieder an dem Geschäft des Stoffhändlers vorbei. Der Laden liegt zwischen zwei Straßen an einer Ecke; neugotische Architektur (Türmchen, Pechnasen). Er wirkt schick. Wir betrachten ihn mit nachvollziehbarer Verbitterung.

Wir gelangen zum Bahnhof.

Durcheinander.

Ich weiß, was uns erwartet. Ich habe keinerlei Hoffnung. Je schneller es zu Ende ist, desto besser. Es sei denn, ein Wunder… Eines Tages überleben lernen?

Mein Vater taucht mit seinem linken Stiefel in ein eiskaltes Wasserbecken. Er hofft, auf diese Weise eine alte Verletzung wieder aufbrechen zu lassen und womöglich aussortiert zu werden. Aber alle schauen ihn nur gleichgültig an.

Man steckt uns in einen Raum, der Monstern vorbehalten ist. Zwei kleine Kinder, ein Junge und ein Mädchen, nackt, denen über dem Knie die Beine abgesägt sind, winden sich wie Würmer über den Boden. Ich bin selbst zu einer jungen Schlange geworden (oder war's ein Fisch?).

Am Ende einer langen Schiffsreise erreichen wir das Lager.

Unsere Kerkermeister, Folterknechte mit degenerierten Visagen, fahle Fressen, Rotgesichtige, grausame Typen, Idioten, alle mit lächerlichen Titeln ausstaffiert: »Leiter der Desinfektionsabteilung für? (für Würmer?)«, »Attaché des Konservators der? (der Konservenfertigung?)«.

Bald rahmen Blumenranken, Zierleisten, Vignetten ihre Fressen; das Ganze wird zu einem Album, in dem ich blättere, ein Erinnerungsalbum, hübsch wie ein Programmheft im Theater, hinten mit einer Seite Reklame …

Ich bin wieder zurück in dieser Stadt. Es gibt eine große Gedenkfeier. Ich nehme daran teil, angewidert, empört und schließlich gerührt.

Ich gerate mitten in eine Menschenmenge. Ein Fest findet statt. Lauter Schallplatten liegen verstreut herum, eine wird herausgesucht und auf den Teller des Phonokoffers gelegt. Ich schluchze los. J.L. macht mir daraus einen Vorwurf.

Ich bin ein Kleinkind. Am Straßenrand halte ich einen Autofahrer an und bitte ihn, es an meiner statt zu wagen, von dem Gärtner meinen Ball zurückzufordern, der über die Mauer in den großen Obstgarten geflogen ist (und indem ich dies aufzeichne, Rückkehr der wirklichen Erinnerung: 1947 spielte ich in der Rue de l'Assomption mit meinem Ball gegen die Klostermauer gleich gegenüber von unserem Haus).

PISTEN UND LISTEN *

… denn ein Labyrinth führt
immer nur aus sich selbst heraus.

Harry Mathews

* Die Zahlen verweisen auf die Nummern der Träume.

ZWEI:

Fischweiber, 48

Frauen, 83

Freunde, 7, 28 usw.

Hunde, 41

Längliche Räume, 48

Mädchen, 89

Männer, 1, 57, 108 usw.

Pakete, 36

Verstecke, 1

Zimmer, 13, 15 usw.

Anmerkungen des Übersetzers

N° 1

Terezienbourg: Sic !

N° 13

Chavasse = Name eines Berggipfels im Montblanc-Massiv

N° 20

»*L'Augmentation*«: Zunächst als Prosatext im Dezember 1968 in der Zeitschrift *L'Enseignement programmé* veröffentlicht, dann als Theaterstück in Georges Perec, *Théâtre I*, Paris 1981. Uraufführung am 26. Februar 1970 im Pariser Théâtre de la Gaîté-Montparnasse in der Inszenierung von Michel Cuvelier.

N° 22

G.P. = Gauche prolétarienne. Die radikale, maoistisch inspirierte und im September 1968 gegründete proletarische Linke, die sich insbesondere aus jungen Intellektuellen im Umkreis der Pariser »École Normale Supérieure« rekrutierte.

P.C.F. = Parti communiste français. Die Kommunistische Partei Frankreichs, die weitgehend linientreue Schwester der sowjetischen KPdSU.

P.C.M.L.F. = Parti communiste marxiste-léniniste de France. Die maoistisch inspirierte, Marxistisch-leninistische Kommunistische Partei Frankreichs, im Dezember 1967 aus dem »Mouvement communiste français marxiste-léniniste« hervorgegangen.

N° 25

C.R.S. = Compagnies républicaines de sécurité. Das nationale, der Armee unterstehende Polizei-Corps in Frankreich.

N° 38

Das Palais de la Défense, auch *Centre des nouvelles industries et technologies* (CNIT), 1958 erbaut, ist eines der ältesten Gebäude des Geschäftsviertels »La Défense« im Pariser Westen.

N° 57

Titel des französischen Originals *Les choses*, erschienen 1965. Die deutsche Übersetzung von Eugen Helmlé erschien erstmals im Jahre 1966 im Stahlberg-Verlag.

Régie Autonome des Transports Parisiens = Die Pariser Verkehrsbetriebe.

N° 65

Ordre Nouveau = eine rechtsextreme, zuweilen als »neofaschistisch« qualifizierte, 1969 gegründete und bis 1973 existierende politische Gruppierung in Frankreich.

N° 73

FIP = France Inter Paris, der lokale, seit 1971 existierende Pariser Radiosender des staatlichen französischen Rundfunks Radio France.

N° 81

Designing Woman: 1957. Deutscher Verleihtitel: »Warum habe ich ja gesagt?«. Französischer Verleihtitel: »La femme modèle« (dt. etwa: Die Modellfrau). Perec benutzt im Original den französischen Titel.

N° 82

E.O.R. = Elève officier de réserve. Offiziersschüler der Reserve.

N° 85

Seit dem 1. Januar 1960 hatte der »neue Franc« (nouveau franc = NF) den alten Franc abgelöst. 100 alte Francs wurden konvertiert in 1 neuen Franc. Insbesondere bei hohen Beträgen rechneten (und rechnen!) ältere Franzosen noch gerne in alten Francs.

N° 89

Der Vorname *Jules* ist im frz. Argot ein Synonym für »Zuhälter«. »Les enfants du capitaine Grant« [Die Kinder des Kapitäns Grant], Abenteuerroman von Jules Verne, erschienen 1868.

N° 95

La disparition: Titel der deutschen Übersetzung von Eugen Helmlé: *Anton Voyls Fortgang*, Frankfurt a.M. 1986.

N° 99

Le chagrin et la pitié: Deutscher Verleihtitel = *Das Haus nebenan – Chronik einer französischen Stadt im Kriege*. Dokumentarfilm von Marcel Ophüls, 1971. Wörtlich: »Der Kummer und das Mitleid«.

Le chagrin et la servitude: »Der Kummer und die Knechtschaft«.

N° 102

Gymkhana: ein Geschicklichkeitsparours.

N° 103

Valentin der Knochenlose: Valentin le désossé« (i.e. Edmé-Etienne-Jules Renaudin, 1843-1907, seinerzeit berühmter Akrobat und »Schlangenmensch«).

N° 104

Sami Frey, geboren 1937. Französischer Schauspieler und wie der ein Jahr zuvor geborene Perec ebenfalls Sohn jüdischer Einwanderer aus Polen. Die beiden Eltern wurden von den Deutschen deportiert und kamen nicht zurück. – Der französische Familienname Cruel ist ein sog. sprechender Name und meint »Grausam«.

N° 107

»*La fabrique du pré*«: Essay über die Entstehung eines Gedichts, von Francis Ponge aus dem Jahre 1971.

N° 107

Les Trois Suisses: ein französisches Versandkaufhaus.

N° 116

»*La Jeune Garde*«: französisches Revolutionslied, entstanden 1920 vor dem Gründungskongress der Kommunistischen Partei Frankreichs in Tours, 25.– 30.12. 1920.

Todesmelodie: Film von Sergio Leone, 1971. Ital. Originaltitel »Giù la testa« (dt. etwa: »Runter mit dem Kopf«). Französischer Verleihtitel: »Il était une fois la révolution« (dt.: Es war einmal die Revolution…). Perec zitiert im Original den französischen Verleihtitel.

N° 119

»*… dass ich just in diesem Monat nicht diese Straße beschreiben muss*«: Anspielung auf Georges Perecs Projekt, mehrere Pariser Orte über mehrere Jahre in bestimmten zeitlichen Abständen zu beschreiben. Als selbständige Publikation ist postum lediglich eine »Tentative d'épuisement d'un lieu parisien« unter eben diesem Titel im November 1982 im Verlag Christian Bourgois erschienen. Es handelt sich um die Place Saint-Sulpice im 6. Pariser Arrondissement, betrachtet vom Café de la Mairie aus (erstmals erschienen in der Zeitschrift *Cause Commune* 1/1975).

N° 122

»*Un homme qui dort*«: Georges Perecs zweiter Roman aus dem Jahre 1967. Die deutsche Übersetzung von Eugen Helmlé erschien erstmals 1988 unter dem Titel »Ein Mann der schläft«.

»*Wilhelm Reich: Les Mystères de l'organisme*« (W.R. - Misterije organizma) ist ein Film des jugoslawischen, 1932 in Belgrad geborenen Regisseurs Dusan Makavejev aus dem Jahre 1971.

Jürgen Ritte

Traum und Trauma

Über Georges Perecs *Dunkle Kammer*

Unter den vielen literarischen Wunderwerken, mit denen Georges Perec im Laufe seines viel zu kurzen Lebens die Welt beschenkte, ist *Die dunkle Kammer, La boutique obscure* (so der Titel des 1973 erschienenen Originals) gewiss das verstörendste. Gar mancher mag dieses Buch gar für ein Sakrileg, eine Provokation halten. Denn wie kein anderer steht der Name Perec für die literarische Vitalität und Potenz des 1960 von Raymond Queneau und François Le Lionnais gegründeten *Ouvroir de Littérature potentielle*, der »Werkstatt für potentielle Literatur«, kurz OuLiPo, einer Werkstatt, die sich die »methodische Erzeugung ästhetischer Zustände« (W. Klippert) auf die Fahnen geschrieben hat. Die Herstellung von Literatur sollte sich, so die Vorstellung der Gründerväter, einzig der Anwendung von festen Regelwerken, mathematischen wie sprachlichen, verdanken. »Oulipo«, so statuierte schon früh Raymond Queneau, »das ist das Gegenteil von Zufall«, Oulipo, so immer noch Queneau, sei der *anti-hasard*. Schreiben, schöpfen, erfinden – dies alles sollen Bewusstseinsakte sein, bewusste und damit selbst bestimmte, nach eigenen, selbst gestellten Regeln vollzogene Akte. Da hallt noch Mallarmés Traum vom absoluten Buch nach, einem »architektonischen und auskalkulierten Buch«, das nicht Frucht »noch so wunderbarer Konstellationen« sei, da hallt auch Queneaus Vorbehalt gegen den Surrealismus nach, insbesondere gegen den inauguralen Akt der Bewegung in André Bretons und Philippe Soupaults »écriture automatique«, den unkontrollierten, onirischen Schreibfluss, wie er sich erstmals in den gemeinsam geschriebenen *Champs magnétiques* von 1919 manifestierte.

Georges Perec definierte den »Oulipien« oder, mit Oskar Pastiors Wortschöpfung, den *Oulipoten* (in dem der frz. »pote«, der »gute Kumpel« mitschwingt), mithin kurz und griffig als »Ratte, die den Weg aus dem selbst gebauten Labyrinth sucht«. In dieser Definition steckt der ganze Esprit des Oulipo: Mit dem Labortier par excellence, der als intelligent und lernfähig reputierten Ratte, wird die Literatur oder eher: der Autor, das literarische Schaffen, gleichsam eine Etage tiefer gehängt und aus der nebulösen Sphäre der Inspiration und der Begabung auf den Boden des wissenschaftlichen – und nachvollziehbaren – Experiments gestellt; mit der dädalischen Metapher des Labyrinths ist das erste bekannte »architektonische und auskalkulierte« Bauwerk der abendländischen Mythologie aufgerufen.

In der Konstruktion solcher »Labyrinthe« hat Perec es weit gebracht. Da ist die mathematische und hoch komplexe Maschinerie, der sich sein *opus magnum La vie Mode d'emploi* (*Das Leben Gebrauchsanweisung)* aus dem Jahre 1978 verdankt, laut Italo Calvino (auch er ein *Oulipote*) der »letzte wirkliche Fortschritt in der Geschichte des Romans« (»l'ultimo vero avvenimento nella storia del romanzo«, *Lezioni americane*, 1988), da ist der große lipogrammatische Roman *La disparition* (*Anton Voyls Fortgang*) von 1969, der, wie inzwischen hinlänglich bekannt, auf über 300 Seiten nicht einen Nachweis der Letter »e« zulässt, und da sind die vielen anderen alphabetischen Werke, Übungen und Verfahren, Anagramme, Palindrome, Permutationen…

Aber da ist eben auch *Die dunkle Kammer* mit ihren124 chronologisch angeordneten, aber unpaginierten Traumprotokollen aus den Jahren zwischen Mai 1968 und August 1972. Dass ausgerechnet Georges Perec ein Buch gleichsam unter Traumdiktat geschrieben haben soll, scheint Perequianer und Perekologen bislang so sehr verunsichert zu haben, dass sie meist einen großen Bogen um dieses unbekannte literarische Objekt geschlagen haben. Dabei hat Perec auch hier genügend Indizien ausgelegt, die zu einem näheren Hinschauen einladen: Dem Buch ist zum Beispiel, wie *Das Leben Gebrauchsanweisung*, ein Register beigegeben, das mit seinem etwas eigenwilligen Ordnungs- und Verweissystem recht *listig* auf eine seiner anderen Obsessionen neben dem Sprachspiel hindeutet, das Erstellen von *Listen*. Perec, so hat ein französischer Kritiker schon früh angemerkt, anlässlich seines prä-oulipotischen Erstlings *Les choses* (*Die Dinge*) aus dem Jahre 1965, Perec, das sei »der Schriftsteller mit der Registrierkasse im Kugelschreiber«. Die vollständige Erfassung von Phänomenen des Alltags einerseits, ihre Bewältigung in einem System von Klassifizierungen andererseits, das ist der zugleich enzyklopädische wie auch hybride Impetus, der dem Schreiben Perecs zugrunde liegt.

»Penser/classer« (»Denken/Ordnen«) heißt einer seiner – wenigen – programmatischen Aufsätze aus den frühen Jahren. Ihm folgten zahllose Listen und Projekte, wie zum Beispiel der »Versuch einer Bestandsaufname der festen und flüssigen Nahrungs- und Genussmittel, die ich im Laufe des Jahres neunzehnhundertvierundsiebzig zu mir genommen habe« oder das Vorhaben, sämtliche Zimmer zu memorieren, in denen er einmal geschlafen hat, oder die kurze Skizze (für die Tageszeitung *Libération*) über sämtliche Objekte, die sich auf seinem Schreibtisch fanden. Und dergleichen mehr. Als größere Realisierung wäre in diesem Zusammenhang auch Perecs 1978 erschienenes, in Frankreich so erfolgreiches Buch *Je me souviens* zu nennen: 480 scheinbar wahllos aufgereihte Alltagserinnerungen, die anaphorisch mit der immer gleichen Formel »Je me souviens…« (Ich erinnere mich an…) einsetzen und das kollektive Gedächtnis der in den 1930er, 1940er und, bedingt, 1950er Jahren geborenen Franzosen stimulierten. Selbstverständlich versah Perec auch dieses Buch mit einem ausführlichen Register.

Und nennen wir auch, nicht nur der – kaum erreichbaren – Vollständigkeit halber, noch ein weiteres, Fragment gebliebenes Großprojekt: 1968, also in dem Jahr, aus dem der erste hier notierte Traum stammt, begann Perec mit seinem Projekt, zwölf Pariser Orte, an denen besondere Erinnerungen für ihn hingen, über zwölf Jahre in regelmäßigen Abständen aufzusuchen, jeweils zu notieren (zu *registrieren*), was ihm während der Beobachtungsphase vor Augen kam, und in einem zweiten Schritt die Erinnerungen niederzuschreiben, die vom Aufenthalt an dem jeweiligen Ort ausgelöst worden waren. Für dieses große autobiographische Unternehmen hatte Perec bereits mit Hilfe von Mathematikern einen komplexen Fahrplan ersonnen, der die beiden »Serien« (Beobachtungen/Erinnerungen), die zwölf Orte und die zwölf Jahre auf ähnliche Weise koordinierte wie später das berühmte lateinische Doppelquadrat die Anordnung der 100 Kapitel in *Das Leben Gebrauchsanweisung* (von denen ja eines, wie Kenner wissen, fehlt…). Perec hat nur sehr wenige von den *Lieux parisiens*, seinen »Pariser Orten«, publiziert (Saint-Sulpice etwa, mit dem Café de la Mairie, oder die Place d'Italie), das Projekt kam nicht zum Abschluss. Aber an ihm zeigte sich, wie sehr bei Perec die beiden Obsessionen des Sammelns und Ordnens einerseits, des Schreibens oder einfach nur Aufschreibens nach System andererseits aufeinander bezogen sind, wie bedeutend auch, selbst wenn Perec die Spuren oftmals sorgsam verwischt, die biographische Markierung ist, die biographische *Stigmatisierung*.

Und damit sind wir dem Traumbuch schon einen Schritt näher gekommen. Die Erinnerungsarbeit, wie Perec sie in den *Lieux parisiens* projektiert hatte, interferiert mit der Traumarbeit, der Arbeit an den Träumen. Viele Orte der Träume sind auch die Erinnerungsorte der *Lieux* (Mabillon, die Place Contrescarpe, die Rue de l'Assomption…). Der erste Traum datiert vom Jahr des großen Tumults, vom Mai '68. Etwa zur selben Zeit saß Perec am Manuskript von *Anton Voyls Fortgang*, dem Roman ohne »e«, der mit tumultartigen Szenen einsetzt und im September 1968 abgeschlossen wurde. Aus der Widmung zu einem der nachfolgenden Bücher, *W ou le souvenir d'enfance (W oder die Kindheitserinnerung*), das in Auszügen schon ab 1969 (und bis 1970) in der Zeitschrift *La Quinzaine Littéraire* erscheinen sollte (und erst 1974 als Buch vorlag) wissen wir, was sich hinter der Auslassung des »e« verbirgt: »Pour E« lautet die Widmung (ohne Punkt hinter dem

E), und das liest sich homophon (immer wieder die Sprachspiele!) wie »pour eux«, für sie, die nicht ausgelassen, sondern, wie Perecs Mutter, ausgemerzt, vernichtet, ermordet wurden in den KZs. Und weiter: »Ich habe keine Kindheitserinnerung«, lautet, recht provokativ, der erste Satz aus *W oder die Kindheitserinnerung*. Es ist fast so, als habe Perec die Beobachtung des 1942 in Buchenwald ermordeten Maurice Halbwachs bestätigen wollen, der da in seiner folgenreichen, erst posthum publizierten Arbeit über das kollektive Gedächtnis konstatiert hatte, dass die Rede niemals von einem individuellen, sondern immer nur von einem kollektiven Gedächtnis sein könne, denn erst in Kollektiven wie etwa der Familie seien Erinnerungen garantiert – durch stets wiederholte Erzählungen etwa – und somit Identität möglich. Insofern ist es Perec gelungen, sich mit *Je me souviens*, einem Buch, das wohl übertragbar, nicht aber übersetzbar ist, eine kollektive Identität als Nachkriegsfranzose zu schaffen, ja sich überhaupt eine Identität zu schaffen, eben das, was die Nazis ihm austreiben wollten...

Aber wir entfernen uns aus der dunklen Kammer, um gleich in sie zurückzukehren. Der erste notierte Traum stammt aus dem Mai 1968 – und es ist, was nach dem soeben Gesagten nicht verwundern kann, ein KZ-Traum. Es herrscht eine Stimmung der Bedrohung, die Menschen werden vermessen, es geht ums Überleben. Und dann fällt am Ende, nach der Erwähnung einer Theateraufführung im KZ von »Treblinka, Terezienbourg [sic!] oder Katowicze« gleich der Satz, der über der gesamten Produktion Georges Perecs stehen könnte: »*On se sauve (parfois) en jouant...*«, »Man rettet sich (manchmal), indem man spielt...«

Traum und Trauma: Es ist – natürlich – kein Zufall, wenn auch der letzte Traum vom August 1972 den Moment heraufbeschwört, der Perecs Existenz die Signatur aufprägen wird: die Besatzung der Stadt Paris durch die Deutschen, die Verfolgung der Juden, die Denunziationen, die Deportationen. Und es sei dahin gestellt, ob man in diesem Traum, wie verschiedentlich geschehen, das Menetekel sehen darf für die nur wenige Tage später, am 5. September 1972, während der olympischen Spiele in München erfolgte Erstürmung des israelischen Mannschaftsquartiers durch die palästinensische Terrororganisation »Schwarzer September«. Wie auch immer: Unterschwellig und nur sehr selten ganz explizit bricht die dunkle Grundierung auch in anderen Träumen durch – wie sie überhaupt die Grundierung für Perecs gesamtes Œuvre ist. Das Traumbuch reiht sich dabei in die Serie der Projekte und Werke, die ganz explizit jenes Puzzle an Erinnerungen und Wahrnehmungen durchforsten, aus dem wir gemacht sind…

Folgt man Perecs Biograph David Bellos, dann entsteht die *Dunkle Kammer*, die eben auch Dunkelkammer für Bilder ist, die erst noch zu entwickeln sind, in den Jahren einer persönlichen Krise, einer Beziehungskrise, die eben auch, wen wundert's, Identitätskrise ist. Aber es bedarf nicht unbedingt einer genaueren Kenntnis von Perecs unglücklichen Liebschaften (Szenen von Eifersucht und Trennung inklusive Wohnungsaufteilung, Verführung und Versöhnung charakterisieren eine Reihe von Träumen), um festzustellen, dass *Die dunkle Kammer* ein Werk des Übergangs ist: Die oftmals als »soziologisch« klassifizierten Romane *Die Dinge* und *Ein Mann der schläft* haben Perecs Notorietät begründet (eine Analyse von *Die Dinge* beschließt gar Jean Baudrillards bedeutende Autopsie der Konsumgesellschaft *Le Système des objets* aus dem Jahre 1968!), aber der – relative – Ruhm reicht noch längst nicht, um den Autor zu ernähren. Einen Autor, der sich mit Kreuzworträtseln für das Nachrichtenmagazin *Le Point* und als Dokumentalist am neurophysiologischen Institut des nationalen Forschungszentrums CNRS über Wasser hält. Es sind dies übrigens Realien, die neben zahlreichen anderen immer wieder in den Träumen auftauchen. Perec, der schon Ende der 50er, Anfang der 60er Jahre Romane geschrieben hatte, die bis vor kurzem unveröffentlicht waren (*Der Condottiere*, *Das Attentat von Sarajewo*), träumt noch, à la manière de Georg Lukácz, vom »totalen«, vom totalisierenden Roman. Er wäre gerne eine Art Thomas Mann (dessen Werk, insbesondere den *Zauberberg* und *Doktor Faustus* er kannte). Gleichzeitig zeichnet sich eine andere Option ab, eine Option, die vielleicht gar nicht so anders ist, wenn man sie als Weg zur Strukturierung des ganz großen Romans sieht (der dann ja, in Gestalt von *Das Leben Gebrauchsanweisung* 1978 auch kommen sollte): das Sprachspiel mit seinen willkürlichen, aber selbst gesetzten Regeln. Mit einem Zwang, einer »*contrainte*«, wie es in der Sprache der Oulipoten heißt, die für Freiheit sorgt, ja, Freiheit erst garantiert: Freiheit von allen akzidentiellen, biographischen, historischen Bedingtheiten des Schaffens. Scherzhalber hatte Perec schon 1966, es war erst sein zweites veröffentlichtes Buch, seine rhetorisch furiose Burleske *Quel petit vélo à guidon chromé au fond de la cour?* (*Was für ein kleines Moped mit verchromter Lenkstange steht dort im Hof?*) publiziert. Dort erzählt er, »angereichert mit rhetorischen Stilfiguren nach Vorbild der großen Meister«, wie ein Kumpan versucht, sich mit Hilfe von Freunden einen Armbruch zuzuziehen, der ihn vor einem Einsatz im Algerienkrieg bewahren könnte: ernste Grundierung, heitere Behandlung: »Man rettet sich (manchmal), indem man spielt…«.

Dieses Buch, seine Kreuzworträtseleien und gewiss auch das Wissen darum, dass es bei den sogenannten »soziologischen Romanen« schon um ein Spiel ging, ein Spiel mit den literarischen Vorbildern (Flaubert für *Die Dinge*, Proust, Kafka und andere für *Ein Mann der schläft*), sorgten dafür, dass Perec 1967 von den Mitgliedern des OuLiPo kooptiert wurde. Sein Gastgeschenk wurde dann *Anton Voyls Fortgang*, erschienen 1969. Gleichzeitig arbeitet Perec an dem Theaterstück *L'Augmentation* (*Die Gehaltserhöhung*), einem ebenfalls oulipotisch strukturierten Werk, und im Zuge der Beschäftigung mit dem Projekt der *Lieux* machte er sich erstmals Gedanken über mathematische Makrostrukturen, die ein Werk, wenn nicht generieren, so doch zumindest organisieren könnten.

In der *Dunklen Kammer* rühren mithin Gedanken und Ideen an die Oberfläche des Bewusstseins, die bald schon Stoff für die literarische Produktion sein werden. Es wäre aber falsch, wenn vielleicht auch nicht *gänzlich* abwegig, in diesem Buch den Niederschlag, weil es ja nun einmal ein Traumbuch ist, einer Art von »wilder Psychotherapie« zu sehen, einen Versuch der Selbstheilung. Es sei denn, man stellte das ganze Werk Perecs unter den Aspekt der Selbstheilung. Es handelt sich hier um Material, das für einen Psychoanalytiker wahrscheinlich nur sehr bedingt verwendbar ist. Vor einer solch »therapeutischen« Lektüre warnt Perec ja gleich zu Anfang seines Buches: »Ich glaubte die Träume, die ich machte, zu notieren: Sehr schnell wurde mir klar, dass ich längst schon nur noch träumte, um von meinen Träumen zu schreiben«. Und weiter: »Was konnte ich mit diesen zu sehr geträumten, zu oft wieder gelesenen, zu sehr geschriebenen Träumen jetzt noch anderes anfangen als Texte aus ihnen zu machen…«.

Und in der Tat, er hat Texte aus ihnen gemacht. Diese bilden, im Verein mit dem Register, eine Art von nächtlicher Autobiographie Perecs. Das Leben schreibt sich im Traum weiter und umgekehrt: Da ist zum Beispiel im Traum N° 112 die Rede von Autoren einer zeitgenössischen Schule mittelalterlichen Namens und deren winzigen Heften. Der Liebhaber erkennt darin schnell die Faszikel der *Bibliothèque oulipienne* und im mittelalterlichen Namen das recht altertümliche »Ouvroir« (für Werkhütte oder Werkstatt). Zwei Träume weiter, N° 114, ist von einem großen »Puzzle« die Rede. Und gleich zu Anfang, in Traum N° 2 (also gleich nach dem KZ-Traum, aber schon im November 1968!) von Brettspielen, vor allem vom *GO*, dem Perec mit Jacques Roubaud und Pierre Lusson eine 1969 publizierte Einführung widmete des Namens *Petit traité invitant à la découverte de l'art subtil du Go*. Dieser kleine Traktat zur Einführung in die subtile Kunst des Go kann auch als eine Art literarisches Manifest gelesen werden: Denn dieses japanische Brettspiel, das ungleich komplexer ist als das, nach Meinung der Autoren, recht plumpe Schachspiel, lässt sich, immer noch nach Meinung der Autoren, »vernünftigerweise nur mit einer anderen menschlichen Aktivität vergleichen. Und das ist selbstverständlich die Literatur«.

Diese Liste lässt sich ad libitum verlängern. Auch Perecs verdienter und unvergessener Übersetzer Eugen Helmlé und die Arbeit mit ihm in Saarbrücken taucht auf. Und immer wieder lassen sich Bezüge zur politischen Aktualität herstellen. Zahlreich sind in der Tat Träume von

Flucht und Verfolgung, von Polizeigewalt und Willkür, die sich nicht alle auf den antisemitischen Kontext der vierziger Jahre zurückbeziehen lassen, sondern eher mit den Ereignissen vom Pariser Mai '68 zu tun haben. Ob man deswegen aber so weit gehen darf wie der 1974 verstorbene französische Soziologe und Anthropologe Roger Bastide, der im Nachwort zur französischen Originalausgabe schrieb, dass mit Perec der Traum in eine neue Dimension vorstoße, indem er sich aus den Freud'schen Vorgaben der sexuellen Verdrängungsphantasien verabschiede, um ins Politische, ins Utopische vorzudringen, erscheint mir mehr als fraglich. Gewiss, das Politische ist – fast – omnipräsent, in einem Traum ist gar explizit die Rede von der politischen Relevanz der Literatur und des Theaters (glückliche Zeiten!). Und gewiss ist auch, dass nicht viel von Sexualität in der *Dunklen Kammer* die Rede ist, aber abwesend ist sie keineswegs. Und wir wissen nicht, wie weit Perec seine Traumprotokolle zwecks Publikation zensiert hat. Was wir aber wissen, nach Lektüre dieses außergewöhnlichen und einmaligen Buches, ist, wie sich Leben und Phantasie im dunklen, im schwarzen Spiegel des Traums abzeichnen. Schemenhaft, flüchtig – und doch eindrückliche Negative der Epoche hinterlassend. Negative, von denen Perec einige entwickeln wird. Andere bleiben in seiner Dunkelkammer...

Paris, März 2017

Inhalt

Originalausgabe
La boutique obscure. 124 rêves

ISBN 978-3-0358-0408-9

Satz und Layout: 2edit, Zürich
Druck: Steinmeier, Deiningen

www.diaphanes.net